子どもの一生を決める「心」の育て方

心の発達がわかれば、
自律する子に変わる

公認心理師
山下エミリ

青春出版社

プロローグ

「心の発達」がわかれば子どもが見える。子育てはラクになる。

心の発達は目には見えません

こんな光景、見たことありませんか。

3歳の子どもがおもちゃの取り合いをして、お友だちが泣いてしまったとき。

「なんで譲ってあげないの！」「お友だちが泣いているでしょ」「お友だちの気持ちを考えなさい！」

お母さんはわが子を叱っています。きちんとしつけようという考えもあるかもしれません。

でも実はこれ、子どもを叱る場面ではないのです。

なぜなら、3歳以下の子どもは心理学的に相手の気持ちになることはできないから。

相手の気持ちを考える「他者の視点」を持てるようになるのは、4歳くらいからです。

たとえば、生後2カ月の赤ちゃんを無理やり立たせたり、早く歩かせようとはしませんよね？　体の発達段階ではまだ自分で歩くところまで成長していないから無理だとわかっているからです。

それなのに3歳の子どもには「相手の気持ちになれ」と言ってしまう。

体の発達は目に見えますが、心の発達は目に見えません。もし生後2カ月の子を無理やり立たせたら、一生立てなくなってしまうほどのケガをするかもしれません。でも、それと同じことを、心の発達を知らないためにやってしまいます。

小さなケガであっても、それが積み重なったり、治らないうちにケガを繰り返していたら、取り返しがつかないほどの大ケガを心に負わせてしまう可能性があるのです。

心の発達は、目に見えないからこそ、体の発達以上に知っておかなければなりません。**心の発達を知らなかったために、私たち親は、子どもに間違った対応をしてしまうことがあるからです。**その結果、小さい頃には問題がなかった子が思春期になって不登校になったり、ひきこもったり、非行や暴力をふるうなど問題行動を起こすようになります。

今、日本の不登校の児童生徒数は24万人を超えています。年々増加しています。どうしてこんなことになっているのでしょうか。それも、心の発達を知ることで未然に防ぐことができ、問題が起きたときからでも正しい関わりをすることで解決することができます。

必要なのは「お母さん育て」

私は賢く幸せな子どもを育てるお母さん育ての専門家として、心理学の理論とワークに基づいた子育て講座を主宰しています。

受講されているのは、0歳から25歳までのお子さんを持つお母さんです。子育て講座というと、子どもへの教育法を学ぶものが大半で、乳幼児か、せいぜい小学校低学年くらいのお子さんを持つお母さんが対象となるものがほとんどですが、私のメソッドは**お母さん自身に焦点を当てているため、お子さんがいくつであっても、お母さんがいくつであっても大丈夫**です。

それに、お母さんの悩みが本格的になるのは、お子さんが思春期になってからがほとんどです。

それなのに、まずいと思って子育てを学ぼうと思ったら、5歳までにというものが多くて、「もう手遅れ」と言われた気がして絶望したとおっしゃる方もいらっしゃいます。

そんな方に安心していただきたくて、この本を書きました。

大丈夫です！　いつだって、何歳からだって、子育てはやり直せるのです。

私は個別のカウンセリングをしていたときに、子育てに困難を感じて悩んでいるというあるお母さんから、「どうしてみんな、普通に子育てできるんですか？」という悲痛な訴えをされたことがあります。改めて聞かれると、たしかにそうだよね、と思いました。

お母さんって、子どもを産んですぐ、何も知らない状態でスタートして、子育てが始まってしまえば訳もわからず待ったなしで走り続けなくてはなりません。本当に大変な仕事ですよね。そして、みんな普通に子育てしているように見えますね？　習ってもいないのに不思議ですよね？

実は、体が妊娠と同時に子育ての準備を始めているように、脳の中でも妊娠してから子どもの成長に合わせて、自分が育った家庭で育てられた頃の遠い記憶を、しまい込んであった倉庫の奥から引っ張り出して子育てをしているのです。だから、気づかないうちに子育てを学んでいたんですね。

私のメソッドでは生育歴（育っていく過程）で身につけた雛型《ひながた》（テンプレート）という言い方をします。それがよい雛型ばかりならいいのですが、不適切な雛型でもそれが正しいと無意識に思い込み、自分の子どもに対しても不適切な対応をしてしまいます。

でも、きちんと正しい子育てを学んでいないのですから、うまくいくほうが不思議です。

最近、「つい子どもを怒りすぎてしまう」「イライラが止められない」と言うお母さんが増えていると感じています。

なかには、「子育て＝怒るもの、イライラするもの」だと思い込んでいるお母さんもいました。でも、それもお母さんが悪いわけではありません。正しい子育てを学んでいないのですから当たり前です。そして話を聞けば聞くほど、お母さんも手探りで必死で子育てをしていることがわかり、心が痛くなります。

お母さんが怒りを抑えられず怒ってしまうというのは、お母さん自身の心の成長が未発達なために、感情が抑えられないということもあります。

心の成長が未発達って、どんなことでしょう。

たとえば、以前、子どもが転んだときに手を地面につけないで顔から落ちてしまうということが話題になりました。その原因は、ハイハイの時期にしっかりハイハイをさせずに歩かせたことによるものだったということがわかりました。体の成長に未発達な部分があったということですね。ですから、今、子育てをしているお母さんたちは、「しっかりハイハイをさせましょう」と保健師さんからもアドバイスを受けているはずです。

同じように、**心にも発達段階があり、きちんと手順を踏まなければいけないのですが、大事な順番を飛び越してしまうと、そこが未発達になり、後から問題が出てくる**のです。

冒頭の例のように、子どもの心の発達段階を理解して、お母さん自身の未発達な心の成長を育ててあげると、お母さんは怒らずに済み、子どもの問題行動も解決するケースが大半なのです。

私が通信制高校でスクールカウンセラーをしていたとき、せっかく難関中学に合格したのに不登校になって転校してくる生徒がたくさんいました。

お母さんもお子さんが合格したときは、「私の子育ては正しかった」と思ったはずです。そして、子どもが学校に行けなくなるなんて、まさか、こんなことになるとは夢にも思わなかったはずです。正しい子育てを知らなかったばかりに、お母さんもお子さんも苦しい思いをしているのです。

だからこそ、「心の発達」を知っておくことがますます重要なのだと、今こそお母さんたちに伝えたいとの思いを強くしました。

これが、私が「お母さん育て」をしなければならないと思った理由です。これについては、このあと本書で詳しく触れていきます。

心の成長は一生続く

発達というと、子どもが成人する18歳くらいまでだと思っていませんか。

たしかに体の成長はそれくらいで止まりますが、実は**心の発達は一生涯だ**と言うと驚かれるでしょうか。

赤ちゃんはもちろんのこと、幼児期、学童期、思春期を経て成人になっても、そして高齢者と呼ばれる年齢になっても、心は一生涯、発達をし続けるのです。

心の発達は目には見えませんが、心理学に基づいた「発達段階」を踏んで成長し続けています。だから孫までいる50代の私も成長期真っ只中《ただなか》なんですね（笑）。

子どもだけではなく、お母さんも発達しています。80歳の人から見たら、お母さんはまだまだひよっこというわけです。

ちなみに私の父は90歳ですが、現役で働いており、仕事に必要な資格の更新研修を実家の富山から東京まで来て1日受けてくるくらいです。人生100年時代と言いますから、まだまだ先は長いですよ。

「心の発達段階」に沿った関わり方をすれば、子育てはうまくいく

19ページの表を見てください。有名な心理学者であるエリクソンの心理社会的発達理論の「8つの発達段階」と呼ばれるものを簡略化したものです。

この理論は、人間の成長において8段階ある各発達段階で「心理社会的危機（発達課題）」を克服していくことで心の成長に大事なことが獲得できる、という理論です。大学で教員免許を取得した方なら必ず習っているはずです。子どもの教育にはとても重要なことがわかりますね。

実は、私の主宰する講座では学校の先生が多く受講されています。心理学を学んでいるからこそ、子どもではなく自分の問題ということに早く気づかれて受講されるのです。そして、エリクソンも学んでいるはずなのに、みなさん口を揃えて「講座を学んで目からウロコだった」とおっしゃるのです。それほど心理学はわかりにくい面もあるということです。

ですから、ここではざっくりと**「親が子どもの心の発達段階に沿った関わり方をし**

て各課題の危機をクリアしていけば、今、子育てで大事と言われる自己肯定感や非認知能力が高い、賢い子が育つ」と覚えておいてください。

そして同時に、お母さん自身も発達段階の危機を乗り越えてきたかという確認をしてください。なぜなら、子育てに困っているお母さんは、お母さん自身が危機を乗り越えてこられずに親になり、子どもを育てるときに、自分と同じところでつまずいているからです。

心の発達がわかると、お母さん自身がとても生きやすくなったという声がよく聞かれます。だから、子育てが本当に楽しくラクになりますよ。

この本で目指しているのは、お母さんが幸せになること、そしてお子さんを自立した大人に育てることです。

誰でも子どもが生まれたとき、真っ先に願うのはわが子の幸せではないでしょうか。どんなに勉強ができても、どんなに立派な会社に就職しても、問題のある上司に抗《あらが》えずに心を病んでひきこもってしまったり、逆に反社会的な問題を起こしたりしてしまったら、どうでしょう?……それは子どもにとって幸せなことではないですよね。

心の自律ができている子は、自分で考えて問題解決ができるので、困難なことがあっても自分で乗り越えていくことができます。そして精神的にも経済的にも自立した大人になります。

先ほど、お母さんの心も発達し続けていると書きました。大人も発達し続けているのですから、何度でもやり直せますし、変わることもできるのです。

子どもの困った行動については、お母さんも子どもと同じところでつまずいているわけですから、**子どもを無理やり変えようとするよりも、お母さんが心の発達段階で危機を乗り越えられずに未発達になっている段階に気づいて、変わるほうが簡単です。**

そうすると、子どもは勝手に変わります。頑張っているつもりで無意識にしている不適切な雛型の子育てを手放しましょう。お母さんが危機を乗り越えたら、実際に劇的に親子関係が変わった例は枚挙にいとまがありません。

実際のエピソードを紹介しましょう。

お母さんが変わると子どもが驚くほど変わった！奇跡のような事例

Aくんは中学受験を経て、難関中学に見事合格。ところが入学後はゲームにのめり込み、昼夜逆転の生活に。中学での成績は一気に下降し、不登校になりました。あちこちの精神科に連れて行くほどでしたが改善せず、状態はどんどんひどくなっていく一方。そこでお母さんが講座を受講してくださったのです。

まずお母さん自身が気づいたのが、「子どもを自分の希望通りに育てようとコントロールしていたこと」でした。子どもの意思を尊重しているように見えて、実は無意識にお母さんの「こうであらねばならない」というやり方を押し付けていたことに気づいたのです。そして、それはお母さんの心の未発達な部分から来ていたこともわかりました。このお母さんは、毎日3時間のタスクを自分に課して2週間、すごい勢いで受講を進め、自分と向き合うことをされました。

お母さんが自分の心の変化を感じた頃、急に「ピアノを習いたい」とAくん。お母さんは「えっ」とびっくりです。「ピアノなんてやりたかったの？」と聞くと、「今まで自分がやりたいことを、お母さんに言えなかった」と言います。

振り返れば、小さい頃にやりたいことをお母さんに伝えても、答えは全部NO。お母さんの望むものでなければ受け入れてもらえませんでした。だから、やりたいことを言えない子になってしまったのです。

お母さんの在り方が変わったことで、あれよあれよとAくんは大変身！

ゲームにのめり込んでいたエネルギーを今度は勉強に向けるようになったため、成績がV字回復！　さっぱりやる気のなかった英語にも意欲的に取り組むようになり、中学2年生で英検準2級、中学3年生でなんと英検準1級も合格しました。

今では英語の、三単現（三人称単数現在形）のsもわからなかったのが嘘のようです。

ここで注意していただきたいのは、お母さんが「怒るのをやめた」とか、「言葉がけを変えた」とか、子どもへの「やり方」を変えたわけではないということ。

私がお伝えしているのは、お母さんの**「やり方」**ではなく、**「在り方」**です。

お母さんはどうしても「どんな言葉をかけたらいいのか」といった「やり方」を求

めがちです。でも、いくらやり方を変え、スキルを学んでも、「在り方」がそのままでは、残念ながら意味がないのです。

お母さん自身の危機を乗り越え、「在り方」が変われば、子どもの態度が変わります。

たとえば、「いつも頑張っているね。応援しているよ」という言葉。同じセリフを、大嫌いな人に言われるのと、大好きな人に言われるのとでは受け取り方がまったく違いますよね。

大好きな人の言葉なら、同じ言葉でも心にスーッと届きますし、素直に受け取れるでしょう。お母さんの「在り方」が変わるとは、こういうことなのです。

また、お母さんの怒りは自分の生育歴からきた雛型によるものなので「怒る必要がない」ことに気づけば、自然と怒りたくなくなる心理状態に変わります。

お母さんが変わると、子どもにはそれが敏感に伝わります。お母さんに対してシャッターを下ろしていた子どもも、心を開き始めるのです。

本書で紹介するメソッドは、**お子さんが何歳でも手遅れということはありません。**

また、どんなにたくさんの困り事があっても、家庭環境は100％お母さん次第。お母さんが変われば、子どもも夫も変わります。

「子どもが不登校になり、精神病院やカウンセラーをはしごして診てもらっても効果がなかったのに、楽しく学校に行ってます」（小学４年生のママ）

「引っ込み思案でなかなか教室に入れなかった子が学級委員に手を挙げるようになりました」（小学３年生のママ）

「家事に非協力的だった夫が〝神夫《かみおっと》〟になりました。今では何も言わなくても休日にお昼ごはんが出てきます」（50代のママ）

などなど、私のもとには親子関係も夫婦関係も見事に変わった喜びの声がたくさん届いています。

ステップ1 乳児期0〜1歳半　基本的信頼感：「自分は大切な存在・人は信じていい！」

「人は自分を助けてくれる存在」「周りの人は信用できる」という感覚。これが育まれないと大人になっても人に対して不信感があるため「人を信用できない」、人と親密な関係を築くことができなくなる。基本的信頼感を持って初めて、安心感や安定感を得られ、「自分は生きていてもいいんだ」という「希望」を見出すことができる。「基本的信頼感」は心の発達の土台であり、生涯ずっと関係する最も重要なもの。

ステップ2 幼児期前期 1歳半〜3歳　自律性：「自分の力でやりたい！」

自分でやりたい気持ち。これに対して「恥や疑惑」は、「失敗したら恥ずかしい」「怒られるかも」という思い。「やりたい」というポジティブな気持ちと、「失敗したらどうしよう」というネガティブな気持ちが葛藤しているなかで、それを乗り越えて「自分でやるんだ」という「自律性」を得られると、よりよく生きていく力となる「意志」が備わっていく。

ステップ3 幼児期後期3〜6歳　自主性（積極性）：「あれもしたい、これもしたい！」

ステップ2で「意志」が備わると、やがて「あれもしたい、これもしたい」と、自分で行動していく自主性（積極性）が出てくる。これに対して「うまくできなかった」「怒られた」などの経験が、「罪悪感」につながる。「罪悪感」を「自主性（積極性）」が上回れば、「目的（を持つこと）」ができるようになる。

ステップ4 学童期6〜13歳　勤勉性：「自分ってできるんだ」

学童期に入り、自主性を生かして努力や工夫をすることができるのが「勤勉性」。それに対して失敗したり、うまくいかなかったりした体験の中で「劣等感」も抱く。たとえ失敗しても挑戦することで成功する経験が自信となり、「自分ってできるんだ」という「有能感」を得ていく。

ステップ5 青年期13〜22歳　自我同一性（アイデンティティ）：「自分の存在ってなんだろう？」

思春期・青年期をはさむ多感な頃、集団の中での自分の役割、自分の存在について疑問や葛藤を経て、自己理解ができると「自分らしく生きる」ことができる。対立は「役割拡散」。自己が確立していないので、自信もなく人間関係がうまくいかない。「自分はこの集団にいていい」「ここに所属しているのだ」といった「忠誠心や帰属感」も「基本的信頼感」がないとできないもの。

ステップ6 成人期22〜40歳　親密性：「相手のことをもっと知りたい」「自分のことを知ってほしい」

成人期、ちょうど家族を持つ時期。アイデンティティを確立した上で、違った価値観を持つ人と「親密性」を築いていく。そのためにも学生時代から、同性同士の関わりはとても大事。同性とうまくいかないことには異性とはうまくいかない。対立は「孤立」。親密性を築くことによって「幸福感や愛」が得られる。

ステップ7 壮年期40〜64歳　世代性：「次世代を育てたい」

子育てが終わり、次の世代に対して「私は何ができるか」、次の世代にいいものを伝え、社会貢献できることを考える時期。これにより人を「世話」する力が得られ、自らもますます成熟していく。年齢を重ねても、自分だけよければいいといった自己中心的な考えを持っていると「自己停滞」に。

ステップ8 老年期（65歳〜）　統合性：「いい人生だった！」

最後の段階。これまでの経験を経て素晴らしい人格が形成され、「いい人生だった」と言えるかどうかが大事。反対は「絶望」。老年期、孤立していると老いとともに「絶望」に向かう。キレる老人などもベースに「絶望」がある。自我が統合された人は、生きる上でのたしかな「知恵」を獲得していると言える。

本書の構成 8つの「心のステップ」とは

子どもが伸びていく過程でクリアすべき大切なステップがあります。

	時期	年齢	心理的課題	獲得
ステップ1	乳児期	0〜1歳半	基本的信頼感 ↔ 不信	希望
ステップ2	幼児期前期	1歳半〜3歳	自律性 ↔ 恥、疑惑	意志
ステップ3	幼児期後期	3〜6歳	自主性 ↔ 罪悪感	目的性
ステップ4	学童期	6〜13歳	勤勉性 ↔ 劣等感	有能感
ステップ5	青年期	13〜22歳	アイデンティティ ↔ アイデンティティ拡散	忠誠心・帰属感
ステップ6	成人期	22〜40歳	親密性 ↔ 孤立	幸福・愛
ステップ7	壮年期	40〜64歳	世代性 ↔ 停滞	世話
ステップ8	老年期	65歳以降	統合性 ↔ 絶望	知恵

㊟ 表の一番右にある「希望」「意志」「目的性」「有能感」……はすべて最終的に獲得できるもの（例：「基本的信頼感」を得られると「希望」が獲得される）。
「心理的課題」の反対方向の矢印（↔）はその逆のネガティブな力を指す。

これらの**心の発達の8つのステップは、必ず下から積み上げられていくもの**です。

たとえばステップ1の「基本的信頼感」が得られていないのにステップ2に進んだり、ステップ2を飛ばしてステップ3に進んだりすることはありません。

通常の発達で獲得されるべき年齢が書かれていますが、これはあくまでも理想のケース。

先に、心は生涯発達していくものだとお話ししましたが、今、お子さんが何歳であっても大丈夫。逆に言えば、子どもが何歳であっても、大人になっていたとしても、獲得されていない力を取り戻すことはできるのです。

本文ではステップ1から順番に、実際の子育てに沿ったお母さんの関わり方、そして実際にお子さんが変わったケースも紹介していきます。

目次

プロローグ

ステップ1

ステップ2

自分でやりたくなる心

「自律性」を育て〝意志〟を獲得する

ステップ 3

自分で考え行動する心

「自主性」を育て〝目的〟を獲得する

ステップ4

頑張って挑戦する心

「勤勉性」を育て〝有能感〟を獲得する

ステップ5

自分らしく生きる心

「アイデンティティ」を育て〝忠誠心〟や〝帰属感〟を獲得する

カバーイラスト……伊藤カヅヒロ
本文デザイン………岡崎理恵
編集協力…………樋口由夏
企画協力…………合同会社DreamMaker

ステップ1

自分を大切に思える心

「基本的信頼感」を育て〝希望〟を獲得する

基本的信頼感とは

赤ちゃんが泣いています。

まだお母さんになったばかりのあなたは、赤ちゃんがなんで泣いているのかがすぐにはわかりません。

「お腹がすいているのかな?」とミルクをあげても泣き続ける赤ちゃん。

「おむつが濡れて気持ち悪いのかな?」とおむつを替えても泣きやみません。暑いのかなと衣服を脱がせてみたり、抱っこしてほしいのかと抱っこしてみたり。

「やっぱりお腹がすいているのかな?」

今度はミルクではなく、「はいはい、おっぱいあげるね」とおっぱいをあげてみます。

すると赤ちゃんは、「そうそう、それが欲しかったんだよ」とでも言うように、泣き止んで落ち着いておっぱいを飲み始めます。

……お母さんなら、こんな経験、ありますよね。

この時期の赤ちゃんは、お母さんからおっぱいやミルクをもらい、おむつを交換してもらい、気分が悪いとあやしてもらうなど、お世話をしてもらわないと生きていくことができません。

こんなふうに、「泣いたらお母さんが助けに来てくれる」、つまり、「自分（ここでは赤ちゃん）が何か行動を起こすと、人はちゃんと応えてくれる」という経験によって得られていくのが「基本的信頼感」です。

愛情や甘えを受け入れてもらう経験を積み重ねていくことによって、安心や安全が得られ、お母さんを信頼し、「基本的信頼感」が育まれていくのです。

基本的信頼感とは、他人から自分のありのままを受け入れてもらうことができるという「他人への信頼感」と、自分は他人から大切にされる価値のある存在であるという「自分への信頼感」の両方を指します。

少し専門的な説明になりますが、基本的信頼感は、人が発達の過程で自分と他人を信頼し、情緒的かつ継続的な人間関係を構築する土台となる感覚です。これが乳児期のうちに十分に育まれなかった場合、その後の発達の中で、自分や他人への不信感を抱くようになります。

お母さんの中に、子どもの泣き声が耐えられないとか、泣いている子をどう扱っていいのかわからなくて不安になると言う方がいらっしゃいます。今、そういうことに悩んでいたら、もしかしたらあなた自身が赤ちゃんのときに泣いていたのに、その欲求に応えてもらえず、守られていなかったのかもしれません。

その場合、子どもの頃の話として、お母さんから「この子はおとなしくて泣かない子で、手がかからなくて育てやすかった」と言われていたりします。

もしかすると、あなたのお母さん自身がそのまたお母さんから「手のかからないおとなしい子」にさせられていたのかもしれません。

「泣いてばかりいて困った」と言われていたなら、お母さんが怒らないように泣くことを我慢するようになります。

お母さんの中には、泣き声が耐えられず、泣いている子どもの声を無意識にシャットアウトしてしまって聞こえないことがあります。

泣いている声が聞こえないのですから、おとなしい赤ちゃんと、お母さんは本気で思っているのです。

「おっぱい欲しい」は生きるための訴えです。それを無視されてしまったら、生きていけない危機的状況です。だから、お母さんがちゃんとお世話をしてくれるようにおとなしくお利口にしているのです。

このように赤ちゃん時代に、赤ちゃんの要求に応えてあげないままでいると、やがて赤ちゃんは泣くことをあきらめてしまいます。親から見ると「手のかからないいい子」かもしれませんが、実は「基本的信頼感」をつくるきっかけを失い、そのまま育ってしまったのかもしれないのです。

だからこそ、赤ちゃんの表情から赤ちゃんの感情を読み取り、タイミングよく笑顔に笑顔で応えてあげたり、要求に対しても〝いちいち〟応えてあげることはとても大切です。

赤ちゃんにとって、最初に築く人間関係はお母さんです。

なお、この本では、「お母さん」が重要なキーパーソンなので「お世話をする人＝お母さん」としていますが、もちろんご家庭によっていろいろな状況や事情がありあます。これがお父さんであっても、おばあちゃんであってもかまいません。特定の誰かと信頼関係を築くことが大切なのです。

「自分を守ってくれる人がいる」という希望

「乳児期には、基本的信頼感を築くことが大切です」などと書いてしまうと、真面目なお母さんであればあるほど、赤ちゃんの欲求にすべて完璧に応えようと、一生懸命になってしまいます。

でも、大丈夫。すべてに応える必要はありません。

なぜかというと、子どもにとって不信感を経験するのも大切だからです。

お母さんも生身の人間ですから、すべての欲求を満たすことは実際に難しいですし、社会においても、欲求がすべて満たされることはまずありませんよね。

その中で、欲求を満たしてもらう経験をすることによって、不信感を上回る信頼感を持てればそれで十分なのです。

「これかな？　あれかな？」と親も奔走し、迷いながら子どもが欲しいものを手に入れることができた経験を重ねることによって、親子が共に成長していけばいいのです。

ですから、お母さんが「もう何だかわからない！」とサジを投げ、赤ちゃんの欲求に応えることをあきらめないでほしいのです。信頼感は心の土台となる最も重要なものです。もしお母さんがそこでつまずいているようなら先にお母さん自身の心理的問題を解決する必要があります。そのためにエビデンスに基づいた心理療法があります。**基本的信頼感があれば、「自分は大切な存在なんだ」「人は自分を助けてくれる存在なんだ」という「希望」を持てる子になります。**

ここで言う「希望」とは、子どもにとって愛あふれる世の中の希望です。

お母さんが辛抱強くあれこれやって、子どもも辛抱強くお母さんが答えを見つけるまで待ち、やっと欲しいものを手に入れられるという経験で「辛抱すれば手に入るんだ」となり、それが**次のステップである「自律」につながります。**

お母さんが、辛抱強く待てば欲しいものが手に入るということを教えていないのに、お子さんが大きくなってから、「うちの子は何でも簡単にあきらめる」とか、「意欲がない」などと嘆く親御さんがいます。でも、それはお母さんが「簡単にあきらめる」ように教えてしまった、ということかもしれません。

子どもは、育てられたように育ちます。

だからといって自分を責めて落ち込まないでください。プロローグでお話ししたように、ほとんどのお母さんは心理学という学問で解明している正しい子育てを知らず間違いにも気づいていないからです。本書に正しい子育てのステップを書きましたが、併せてお母さん自身が形成されてきた生育歴を振り返り、**どのように子どもを育てようとする無意識の意図があるのか、自分自身を知る手がかりにしていただきたい**と思います。お母さん自身の**無意識を意識化することがとても重要なのです。**

そして、自力では難しいと思っても大丈夫です。そのために公認心理師という心理職唯一の国家資格があります。たとえば病気を自分で治せないと悩む人はいませんよね？　お医者さんにかかるのと同じように気軽に活用していただきたいと思っています。

心の土台・基本的信頼感が育たないと、将来どうなる？

基本的信頼感はすべての心の発達の土台となるもので、生涯にわたってずっと影響

してきます。

19ページの表にあるように、「基本的信頼感」の対立は「基本的不信感」です。

恐ろしいことに、1歳くらいで信頼関係がつくれる子と、人を疑う子ができてしまうのです。

「人は自分を助けてくれる存在なんだ」

「人って信頼できるものなんだ」

「自分は大切な存在なんだ」

この基本的信頼感が育まれていないと、大人になっても「人は信用できないもの」になります。しかも、他人を信じられないだけでなく、自分さえも信用できなくなってしまうのです。

「基本的信頼感」がなければ、人間関係をうまく築くことはできなくなります。

成長の過程で、あるいは大人になっても、人間関係に何か問題があるとすれば、この「基本的信頼感」のステップでつまずいていることが多いのです。

何かあると「相手が悪い」と人のせいにしたり、自分から関係を絶っていったり。常に相手を疑ってみるため、人間関係がうまくいかなくなるのも当然でしょう。

なぜそうなるかと言うと、私たちは生存本能として自分を守らなくてはいけません。つまり、危機が迫ったときには、防衛反応が働くのです。

そのために3つの反応をすることが心理学でわかっています。①自分を守るために相手を攻撃する。②相手から逃げる。③死んだふりをする。フリーズして身動きが取れないために自分の存在を消すということですね。

赤ちゃんが泣くとお母さんの体は自然に反応しておっぱいが出てきたり、抱っこをしたいと思ったりするので、問題なく子育てができます。でも、お母さん自身が子どもの頃に欲求に応えてもらえなかった場合は、泣き声が危機を誘発するので防衛反応が発動してしまいます。

①泣いてる子に怒る　②泣き声が聞こえないように別の部屋に行く　③なかったことにする。(泣いていても聞こえない)

あなたは、どのタイプでしょうか?

自分を守るために、無意識にそれをしていることに気づかないと、大切なわが子に対してさえもそれをしてしまうのです。子育ては世代間連鎖することが心理学でもわかっています。

たとえば、結婚・離婚を繰り返したり、転職を繰り返したりするのも防衛反応のひとつの表れです（もちろん、離婚や転職を繰り返すすべての人がそうだというわけではありません）。

極端な例ですが、夫のことを信頼できず、「夫が自分を裏切ろうとしている」と疑うと、「それなら私のほうが先に裏切ろう」と考えて行動をする人もいます。

裏切られそうだから裏切るという、とても飛躍した行動に見えますが、これも自分を守るため。自分が傷つかないように、つらい目に遭わないように防御するためであり、本人にとってはとても正当性があることなのです。

職場も同じです。「この職場にいても私にとって不利なことばかり起きる。こんな職場辞めてしまおう」と転職を繰り返すのです。

言い方は厳しいかもしれませんが、人を信頼できなければ、相手や職場が替わっても同じことが繰り返されるだけです。

〝自分を信じられて人を信じられる自分〟に変わって初めて、周りも変わっていきます。

人を信じられないと、うわべだけの人間関係になる理由

「基本的信頼感」は、1対1の親子関係からスタートすることからわかるように、人との「広い」関係ではなく、「狭い」関係性の中から築かれていくものです。

これが築かれないと、人を信用できなくなるため「自己開示」ができなくなります。

自己開示ができないと、人間関係を構築することがとても難しくなります。

自己開示とは何でしょうか。実は、自己開示するのは難しいことではありません。

たとえば、児童館で初めて会ったママがいたとします。「こんにちは」と挨拶をして「よくここで遊んでいるんですよ」「お住まいはお近くですか?」。こんな会話だけでも十分な自己開示なのです。

こんな簡単な自己開示すらしない人もいます。みんなで話をしているのに、ずっと黙って周りの様子をうかがっていたり、自分の意見がないかのようになんでも周りの

意見に合わせたりしている人は、どれだけ一緒にいても何を考えているのかわからないので、なかなか親しくなれませんね。

あなたの周りにもいませんか。こういう人は手の内をさらさないような印象を人に与えてしまうので、人と親しくなることが難しいですよね。

自己開示ができない理由は、もうおわかりのように、人を信頼できないからなのです。一番信用できるお母さんの顔色さえうかがっているのですから、ほかの人に心が許せないのは当たり前ですよね。

でも、本人はそれに気づいていないことが多く、「なんで私は人間関係がうまくいかないのだろう」と悩んでしまうのです。

講座でも、人の顔色をうかがって「自己開示ができていなかった」と、初めて自覚したお母さんたちがたくさんいます。でも、どうやって開示していいのかわからないとおっしゃる方もいます。

そんなときは「とにかく自分から言っちゃいましょう。自分から言うと、相手も応えてくれますよ」とお伝えしています。

たとえば、女性同士だとなぜか盛り上がる「年齢ネタ」。「私、何歳だと思います？」っていうものです。「えーっ、若い！」「私より年上だったんですか？」みたいな感じで、少しだけその人を身近に感じることがありますよね。

最初からズバリ年齢を聞くのがためらわれるなら、干支《えと》を聞いて年齢当てを楽しんでみたらいかがでしょうか？

私の場合は第1子の長男と第4子の娘は11歳離れているので、娘のママ友から年齢に興味を持たれることが多くありました。でも、直接は聞きづらいんでしょうね（笑）。干支を聞かれて伝えたあと、ほかのママから「なんだ！　私より1つ下だったのね！」と言われ、「ううん、11歳上！」などと答えると、一気に距離が縮みましたよ（笑）。

うつや不登校の原因となる場合も

うつ病などの心の病の原因も、突き詰めれば「基本的信頼感」の欠如にあったりします。

人を信頼して人に任せることができないと、人に甘えたり、頼ったりすることができません。そこで自分一人ですべてを抱え込んでしまいます。苦しい状態に追い込んでしまうのは、なんと、自分自身なのです。人に頼ることができれば、自分を追い込まなくて済むことも多いのではないでしょうか。

ひきこもりや学校の行きしぶりや不登校も、基本的にその根底には親子関係の問題があることが多いのです。

よく「学校に問題があった」「友だち関係でトラブルがあった」などと原因探しがされますが、もし原因が〝外〟にあるなら、もっと不登校になる子はたくさんいるはずです。

不登校の根底にあるのも、親子間での基本的信頼感の薄さだったり、家庭が安全基地になっていないことが原因だったりします。

このように書くと、反発される親御さんがいらっしゃるのもわかりますが、決してお母さんを責めているわけではありません。

もちろん、その子自身の気質も多分にありますが、基本的には、お子さんが学校へ行くエネルギーが足りなくなると、不登校やひきこもりになります。

先ほどの防衛反応を思い出してください。お母さんに言っても助けてもらえないからと、お子さんが頑張って頑張って、家での充電が足りなくなったとき、子どもは自分を守るために動かなくなるのです。

「お母さんが守ってくれる、お母さんを信じていれば大丈夫」という基本的信頼感があれば、お母さんにつらい気持ちを言う前に、その子自身が先生に訴えることもできたかもしれません。

どういうことかと言うと、子どもにとって、お母さんとの関係に安心・安全を感じていれば、何かしらの行動ができるということです。

つまり、自分の安全基地が確保されているかどうか、それが養育者であるお母さんとの間で築かれているかどうかがとても大事なことなのです。「安全基地＝ゆるぎない基本的信頼感」と言い換えてもいいかもしれません。

安全基地があると、子どもは安心してそこにとどまってしまうと思われがちですが、実は逆で、**安全基地があるからこそ、子どもはエネルギーをチャージすることができ、いつでも戻れる場所があることに安心して外に飛び出していけるのです。**

この人生のベースとなるお母さんとの信頼関係の構築ができなかった場合、子どもは自分を信用できず、「人は自分を助けてくれる存在だ」と思えないため、誰かに頼ることができません。幼児期に育まれる自律性も自主性も育たなくなります。

これは学童期においても同じで、すでに自信がなくなっているため、自分から課題に挑戦しようという意欲がなくなってしまいます。

たとえば、お子さんが「何かやってみたいな」と思うことがあったとします。でも、自分でやり遂げる自信がないと「やっぱり無理かも」とあきらめたり、母親との基本的信頼感ができていないため、自分の思いも言えず、やがて挑戦をしなくなり、自信のない大人になっていくことになります。

ですから、子どもが小さいときに構築する親子の強い絆である「基本的信頼感」は一生を左右するものになります。

これは、何回言っても言いすぎではないくらいです。この信頼関係ができているかできていないかで、お子さんの将来も変わってきてしまうからです。

脅かすようなことを言ってしまいましたが、基本的信頼感が築かれていなければ、もうおしまい、というわけではありません。

今、親子関係に悩んでいるお母さんはもちろん、お母さん自身が生きづらさを感じている場合も、このステップ1「基本的信頼感」に戻り、信頼関係を育てることで、いつでもやり直すことができるのです。どうか安心してくださいね。

何歳からでも間に合う！　基本的信頼感の育て方

「もう乳児期も過ぎてしまったし、今さらどうやって基本的信頼感を築けばいいの？」

「もっと早く知りたかった。もう手遅れです……」

そんなふうに思ってしまうお母さんも、大丈夫。今からでも間に合います。

まずは、基本的信頼感はどう育つのかについてお話しします。

赤ちゃんは生まれたときから、いろんなシグナルを発信しています。たとえば泣いて欲求を訴えたり、笑ったり、お母さんに視線を向けて目をクリクリさせて、うれしい気持ちを伝えたりします。

そのシグナルにお母さんが速やかに抱っこしたり、ほほえんだりして応じるという関わりを、心理学で**「情緒応答性」**という言い方をします。

赤ちゃんは、お母さんが敏感な応答を繰り返してくれると、自分が欲しい結果を手にできたと実感します。そうすると、人生は自分の望み通りに動かすことができると思えるようになります。そして、お母さんのほうも寝顔を見ているだけで温かい気持ちが湧いてきて、頬をちょんと突いたり、高い声で話しかけたりすると、赤ちゃんも笑って応じるということが繰り返されます。そういう相互作用で、赤ちゃんは、お母さんというのは絶対的に信頼できる存在というように思えるのです。

赤ちゃんが泣いていたら、おっぱいか、おむつか、抱っこかを考えながら赤ちゃんの欲求に応える、というお話をしました。お母さんが敏感に応答することで、親子間での愛着関係が育まれていきます。

この「敏感な応答」さえできていれば、ベースの基本的信頼感はすでにできているのです。

それなのに、赤ちゃんが泣いていても放っておいていいはずないですよね。赤ちゃんのときこそ、お母さんがしっかりと関わることが大事なのです。このことは後ほどお伝えしますが、言葉の獲得にも大きな影響があるのです。

基本的信頼感が育まれてこなかった場合、それが親子関係に後を引くことになる可能性があります。

子どもが思春期になって暴言を吐いたり、不登校になったりしてから、あわてて「敏感な応答」をすればいいのかというと、そういうわけにもいかないのが難しいところです。プロローグでもお伝えしたように、急に子どもへの言葉がけを変えたり、話を聞こうとしたり、スキルで何とかしようとしても、残念ながら効果はほとんどないのです。

「うちは基本的信頼関係を築けていなかった」と思ったお母さんもいるかもしれませんが、嘆く必要はありません。今、ここから築いていけばいいのです。

そして、決して自分を責めないでくださいね。「基本的信頼感」を築けなかったのはお母さんのせいではないことも、ぜひ知っておいてください。

なぜなら、お母さん自身も、自分が子どもだった頃に、ご自身のお母さんとの関係の中で危機を乗り越えられてこられなかっただけだからです。

私が今までに相談を受けてきたお母さんたちは、一人残らずお子さんを愛していました。当たり前ですが、決して子どもへの愛情がないわけではないのです。

子どものことを本当に愛しているのに、怒ってしまう、いけないと思っても感情的になってやめられず、後から罪悪感を抱えてしまうというお母さん。ご自身の育った環境で危機を乗り越えられずに、基本的信頼感を築くことができていなかっただけなのです。でも、それに気づくことで、自分自身とお子さんの育て直しをして、問題解決をすることができます。

お母さんが気づくことで子どもへの関わりが自然に変化し、基本的信頼感を取り戻すことができれば、子どもとの関係は劇的に変わっていきます。

大切なのは、お母さんの「やり方」ではなく「在り方」とお伝えしたのは、お母さん自身の心の土台が整った上で初めて「やり方」が役立つからなのです。お母さん自身の心の土台が整った上で初めてスキルが役立ちます。

お母さん自身の「在り方」を強いて言葉で表すとすれば、「お母さん自身が危機を乗り越えて健やかに心が整っている状態」になること。どの段階の危機を乗り越えればいいのかについてはそのお母さんによって違うので、どうしてもお母さん自身で気づいていただく必要があります。講座では心理療法を活用して気づいていただくことができるので、親子とも自然に変わっていく経験を受講生のみなさんはされています。

本書の中でたくさんの事例を紹介していきますので、自分がどの発達段階が未発達なのか、どの危機を乗り越える必要があるのか、自身を知る手がかりにしてください。

まずは「子どもに怒鳴って、自己嫌悪に陥ってしまった」お母さんの事例から紹介しましょう。

「子どもへのイライラが消え、子育てがラクになりました！」

万理子さんは5歳、3歳、1歳の3人のお子さんがいます。長女を出産してから5年、本当に苦しい日々が続いていました。

「私は母親失格だ」「子育てには向いていない」と、一人ですべてを抱え込んで孤独を感じ、一人で3人も育てられない、と泣きながら生活をしていました（万理子さんにはご主人がいらっしゃいますが、ほとんどワンオペ育児でした）。

万理子さんは当初、長女と夏休みにうまく過ごす方法で悩んでいました。でも、受講を進めるうちに、本当の問題はそこにはなく、万理子さん自身の中にあることがわかったのです。

万理子さん自身は、親の言うことをすべて聞いて育ってきました。中学受験から大学まで親の言う通りにし、きょうだい関係でも自分を抑え、反論することは一度もないほど従順に生きてきたそうです。そんな自分が母親になった途端、なぜ、子どもたちに攻撃的になり、イライラしたり怒鳴り散らすようになってしまったのか……と悩んでいたのです。

ネガティブな思いに苦しめられているときは体調も悪くなります。それでも薬を飲んで抑え込み、何事もなかったように生活をしていたそうです。

万理子さんはお話をしていても人当たりがよく、とても怒鳴り散らすようなお母さんには見えません。

でもそれは万理子さん自身が子どもの頃からそうだったように、本当の自分を抑えて我慢し、意見を言うこともないため、人とぶつかることがなかっただけなのです。つまり、今までの人生で万理子さんは人に対して防衛反応の③「死んだふり」「フリーズ」をして、なかったことにしていたのです。

実は万理子さん自身が、お母さんと「基本的信頼感」を築けていなかった、だから安心して自己開示することができず、自分の意見を言えず、いつもお母さんの顔色をうかがって育ってきたのです。

そして**自分を抑えて生きてきたからこそ、お子さんが自分と同じように我慢することができないのが許せず、イライラしてしまっていた**のです。万理子さんにとっては、子どもが我慢ができないことは危険信号がカンカンと鳴っている状態です。だから、今度は子どもに❶の攻撃的になっていたんですね。

「子どもたちや夫のこともまったく信頼できていなくて、頼ることも甘えることも、とてもイヤでした」と万理子さんはおっしゃいました。

講座を受講するまで、万理子さんは「母親と自分は仲がいい」と思っていたそうです。それもそのはず、何も逆らうことのない〝いい子〟だった万理子さんが、お母さんとぶつかるはずがなかったのです。だから、表面上は仲良く思えたのでしょう。

実際、万理子さんは自分が母親になってからも、何かにつけお母さんに相談して、お母さんの意見を聞いていました。そこに「自分の考え」はありません。

講座を受講していくうちに、自分の心の発達課題に気づいた万理子さん。自分一人でどうにかしようともがき苦しみ、光が見えていなかった状態から、発達課題を克服し、今は少しずつご主人や周りの人にも甘え、頼ることができるようになっています。よく眠れるようになり、家事もスイスイ進むようになった上、体調もよくなったとおっしゃっていました。

「子どもの泣き声に耐えられない」心理

「子どもが泣くのに耐えられない」と言うお母さんもいらっしゃいます。たしかに子どもが泣く声に親は敏感になるものです。

むしろ、敏感に反応しなければ子どもの命に関わることもあるので、そのようにプログラミングされている部分もありますよね。でも、Cさんの場合は少し違っていました。

Cさんには1歳の男の子がいました。

Cさんいわく、「1歳の子どもの泣く声が不快極まりなく、また、泣かれると怒りに直結していた」とのこと。
Cさんには「子どもが泣く＝怒る」という図式がすっかりでき上がってしまってい
たのです。
講座を受講する中で、Cさんは少しずつ自分自身のことを冷静に観察する目を持て
るようになっていきました。すると、自分の〝怒りに直結するパターン〟があること
に気がついたのです。また、お子さんと二人で密室空間にいるときに泣かれそうにな
ると恐怖であることも気づいたそうです。

たしかに夫や実母など第三者がいれば怒らなかったり、公共の場であれば怒らな
かったりすることは、よくありますよね。

Cさん自身も、公共の場では母親に怒られることはなく、安全な場だったのでしょ
う。でも、家に帰ると、泣くことに対して母親にひどく怒られていたそうです。つま
り、Cさんにとって泣くことは危険信号がカンカンと鳴っているのと同じなので、ご
自分のお子さんが泣いたら、防衛反応として攻撃が始まったというわけです。

いろいろなケースがありますが、多くのお母さんの中には「子どもが泣いていると、
自分が責められているように感じる」と言う人もいます。

お母さん自身が小さい頃に、親に泣くことを受け入れてもらっていないと、「子どもが泣く＝泣かせている自分が悪い」となるため、自分を責めるように聞こえるということがあるのです。責められることは耐えられないので、防衛反応の③なかったことにしてしまうので、お子さんの泣き声が聞こえなくなってしまうケースもあります。

お母さん自身が小さいときに「泣くんじゃない！」「我慢しなさい」などというように、親に泣くことを否定されていたりすると、無意識に「泣くこと＝悪いこと」という思い込みができてしまうことがあります。

Cさんもこの図式に気づくことで、自分に対して客観的な視点が持てるようになりました。そして、講座を受講する中で当時の自分を受け入れてあげることができるようになると、お子さんの泣き声にイライラすることもなくなっていったのです。

ご本人は「理由はわからないけど、自然と怒らなくなった」とおっしゃっていました。

危険信号は無意識の雛型に沿って感じていたことなので、危険信号が消滅すると怒る必要はなくなるんです。

これを私のメソッドでは**「雛型の書き換え」**と言っています。

「怒るのは当たり前」と思っていませんか

万理子さんの事例からもわかるように、「自分自身は親に怒られることもなく育ったのに、子どもにはつい怒ってしまう（なんでだろう）」という方は少なくありません。

怒りのコントロールができず、息子を怒鳴ってしまう、と悩んでいたCさんもその一人です。怒りのコントロールができないと悩み、いろいろな子育て講座を受講して、そのときはやり方を試してきましたが、怒り癖が根深く、つい怒ってしまうと言います。自己嫌悪に陥るのもつらくて、「子育て中なんだから、怒りは当然のこと」とポジティブに自分をなぐさめていたそうです。

私が講座を始めてから改めて痛感したのが、「子育て中の親が怒るのは当たり前」と思っているお母さんが多いこと。

ここではっきり言います。子育てにおいて、親が怒るのは当たり前のことではありません。

極端な場合、怒ってナンボだと思っている人もいます。お母さん同士で集まると、「こんなことで怒っちゃった」「私もそうよ」などとお互いに共感し合って、怒ることを肯定し、「怒ったっていいよね」「怒る自分も認めてあげよう」というポジティブな方向に持っていこうとすることさえあります。思わず、「ちょっと待って！」と言いたくなってしまいます。

「つい怒っちゃう、そんな自分がいてもいいよね」と思えれば、たしかにお母さんの気持ちはラクになるかもしれません。でも、怒ったり怒鳴ったりするお母さんがいたら、子どもはちっとも幸せではありませんよね。

子育てにおいて、お母さんの気持ちがラクになることは大事ですが、怒ったり怒鳴ったりする自分を肯定することとは違います。

何度もお伝えしていますが、怒りをコントロールできないお母さんの根深い部分に、お母さんの生育歴で、「お母さん自身が〝自分のネガティブ〟をきちんと出させてもらえなかった」というものがあります。

たとえば、

「お姉ちゃんなんだから、しっかりしなさい」

「お兄ちゃんなんだから、我慢しなさい」

などと親に言われて感情を抑えてきた人、小さい頃から痛いことやつらいことを我慢するように教え込まれてきた人です。

ここは誤解が多い部分なのですが、**「感情をコントロールする」=「感情を抑える」「我慢する」ことではなく、本当は「感情をコントロールする」=「適切な感情を出すこと」**なのです。

小さい頃からちゃんと感情を出してこなかったから、感情をコントロールできない大人になってしまうのです。

だから、大人になり、親になったときに、わが子にも「ここは我慢しなさい!」と言ってしまう。「我慢しなさい!」の後に、「私も我慢してきたんだから」というお母さんの心の声が聞こえるようです。結果、愛するわが子にも、自分が味わってきたことと同じことを経験させてしまうのです。

転んだら「痛いよね。痛いの痛いの、飛んでけー!」と言ってもらうことで痛みを感じなくなるのに、「転んだくらいで泣かないの! こんなの痛くない!」と言われてしまったら、お子さんはどう思うでしょう? 痛いのはなかったことにするしかないと思いませんか？　だから、防衛反応③のなかったことになるのです。

「子どもを怒った後の気持ちの切り替え方を教えてほしい」とおっしゃったお母さんがいます。

私が「そもそも、怒らなければ、気持ちを切り替える必要はないですよね」と言うと、「えっ、そんなこと、できるんですか？」と驚かれるのです。それだけ彼女の日常が怒って当たり前になっていたのですね。命に関わるようなことや身の危険に関わるようなとき以外、子どもに怒ったり怒鳴ったりする必要など、本当はないんですよ。

怒るということは、自分の中で「怒らなきゃ」という雛型があるから怒るのです。

あるお母さんのお子さんは、まつ毛や眉毛を自分ですべて抜いていたそうです。これは、抜毛症と言って、ストレスからこの行為があることがわかっています。お母さんは中学受験のストレスと思いたかったようですが、講座を受講されてからは抜かなくなり、きれいに生えそろいました。

そして、見事、第1志望の中学にも合格されました。

怒りから解放されたお母さんから「受験でミラクル合格しました」という報告を受けることがよくありますが、当然のことなのです。

なぜかと言うと、お子さんの**脳のパフォーマンスが上がる**からです。怒られることで強いストレスを感じて、脳の中にある記憶を司る海馬《かいば》の機能までも低下してしまいます。

一方、お母さんが笑顔で、家庭が安心できる環境であれば、記憶力も上がり、やる気も起きるわけですから、成績がぐんぐん上がっていくのも納得ですよね。

乳児期の「困った！」は心理学で問題解決

泣かないおとなしい子はラク？

昔は「抱き癖がつくから、抱っこはしないほうがいい」と言われていました。お母さんのそのまたお母さんからも、そう言われてきた人もいるかもしれませんね。

たしかに、泣いている赤ちゃんをそのままにしておくと泣かなくなります。

でも、本当にそれでいいのでしょうか？

赤ちゃんにとって「泣く」ということは、自己主張をしているということです。

その理由は「抱っこして！」「おっぱいがほしい！」「おむつを替えて！」「暑いよ！」などといったことかもしれません。

一生懸命に主張しているのに、抱き癖がつくからと放っておかれたら、「こんなに訴えているのに無視されている」と感じ、そのうち泣かなくなります。

人は学習をしますから、赤ちゃんも**「泣いてもムダなんだ」と学び、泣かなくなる**のです。

赤ちゃんが泣かなくておとなしければ、お母さんも家事が進んだり、自分のやりたいことができたりしてラクができます。泣かないおとなしい子は、親にとって都合がいいものです。

でも、本当に都合がいいのでしょうか？

今までお伝えしたように、赤ちゃんが獲得していかなければならない重要な親子の信頼関係の構築ができなくなり、自信が持てなくなるのですから、そのときは都合がよくても、後から問題が出てきてしまうことがあります。

赤ちゃんが3歳頃までは、お母さんと赤ちゃんとの間に愛着という親子の深い絆が育まれる時期。この愛着は、親子の相互作用で育まれます。

1カ月頃までは赤ちゃんが泣くとお母さんが応えます。

もう少し大きくなったら、クーイングといって、「うーうー」「あーあー」という声を、赤ちゃんのおしゃべりとして捉え、お母さんが応えます。

次にバブリングという「ダーダー」「バブバブ」という言葉に、言葉として応答し、あやすという段階になります。

このように、赤ちゃんから投げられた声や言葉のボールをお母さんが受け止め、返してあげることが、とても大切です。これも繰り返しますが、相互関係が大事なのです。なお、視覚や聴覚等に障がいがある方でも、情緒的応答ができればよいので心配無用です。

ステップをきちんと踏んでいくことで、親子での情緒的なやりとりができます。こうした**お母さんとのやりとりを通して、子どもは「人は信頼できるんだ」という実感**

を持つようになるのです。

人見知りをする

おじいちゃん、おばあちゃんの顔を見たとたん、ギャーッと泣き出す赤ちゃん。お母さんは困ってしまいますよね。

赤ちゃんは7カ月くらいになると、人見知りを始めます。これは、発達段階としては当たり前のこと。大好きなパパやママと「愛着」という親子の絆ができているということであり、ほかの人とちゃんと区別がついているのだと喜ばしく思ってください。

一方で、この頃から赤ちゃんは、お母さんの顔色を見て行動を判断することが心理学の実験で証明されています。こんな小さい頃からすでにお母さんの顔色を見ているのです。

ですから、お母さんが周りの人とにこやかにつきあっている姿を見て、「お父さんやお母さん以外の人も安心できる存在なのだ」と赤ちゃんは認識します。逆に、お母さんがとまどっていたり、「苦手だな」という顔をしたりして人と接していると、「この人は危険な人だ」と赤ちゃんに認定されてしまうかもしれません。

お母さん自身が人づきあいが苦手で人見知りをしてしまうから、子どもには人見知りをさせたくないということであれば、まずはお母さん自身が人見知りを克服していきましょう。

なぜ泣くのかわからない

赤ちゃんがなぜ泣いているのかわからない。初めてお子さんを持ったお母さんなら当たり前のことです。

だからと言って、わからないから放っておくのではなく、なぜ子どもが泣いているのかを確認しながら、あれこれ探してみることで、子どもは忍耐強くなっていきます。

泣いている理由がわからないと放っておかれた子は、「頑張っても結局は欲求が通らない」と、あきらめる子になります。同時に、自己肯定感も下がっていきます。

一方で、お母さんがトライ&エラーをしながら、やっと欲求を満たしてくれると、赤ちゃんも頑張って泣き続けたかいがあったというわけです。チャレンジして結果を手に入れることができた経験は、子どもの自己肯定感を高めます。

このことによって、「自分はできるんだ」という自信がつきます。小さいときから子どもは本当にいろいろなことを学び、吸収していくのですね。
お母さんの役割は、お子さんの心の発達段階に沿ったサポートをしっかりできれば、それでいいのです。

ところで、**「非認知能力」**という言葉をご存じでしょうか？
これは「学力テストなどでは数値化されない、子どもの将来や人生を豊かにする力」のことです。自律心や社会性を育むことで生涯にわたって役立つ力として、最近は教育分野においてとても注目を集めていますし、就職においても重要視されるようになりました。

非認知能力を育てるには、乳児期から学童期にかけての取り組みが重要だと言われています。子育てにおいて本書に書いていてある**心の発達のステップがきちんと踏めると自然と身についていく**んですよ。「子どもの一生を決める」とても大事なことなので、この本はお子さんの成長の段階ごとにぜひ繰り返しお読みくださいね。一生お役に立てますよ。

コラム

お母さん自身の心の成長について

アメリカでは、子ども時代の不遇な経験が若くしての死亡確率を高めているという実験結果が出ています（The Adverse Childhood Experiences Study）。

子ども時代の不遇な経験というのは、以下の10項目です。

❶心理的虐待 ❷身体的虐待 ❸性的虐待 ❹心理的ネグレクト ❺身体的ネグレクト ❻母親の乱暴な養育 ❼家族にアルコール依存や薬物依存の問題がある ❽家族に精神的な問題を抱えた人がいる ❾父母との別離や離婚 ❿家族に犯罪者がいる

こういう不遇な経験は脳の発達を阻害し、社会的にも情緒的にも歪んだ認知を生みます。歪んだ認知は良好な人間関係を築くことができず、無用なストレスを抱えたりします。

ストレス自体も病気のもとになるのでよくないですが、アルコール依存などの健康を害する行動にもつながるというわけです。もしかしたら、お母さん自身が子ども時代に不遇な経験をしていたかもしれません。

お母さん自身のためにも、大切なわが子が幸せな人生を送れるためにも、それをなかったことにせず、発達の危機がどこかで起きていなかったか、お母さん自身の心の成長から始めてほしいと切に思います。そして、子どもが未来に希望を持てたなら、最近増加している子どもたちの自殺も防げるはずなのです。

ステップ2

自分でやりたくなる心

「自律性」を育て〝意志〟を獲得する

自律性とは

1歳半から3歳くらいになると、「自分でやりたい！」「お手伝いしたい！」「お母さんのために何かしたい」という自分でやりたい気持ちが出てきます。これが「自律性」です。

この時期の子どもは、言語能力が一気に向上し、言葉を使った会話などのやりとりが増えてきます。

子どもにも自我が芽生えてくるので、何でも「自分でやる！」と主張して、実際にそのように行動するようになります。お母さんやお父さんから子どもへ一方的なやりとりが多かった乳児期と違って、親と子の双方向のやりとりが増えてきます。

その中でお母さんの言うことに耳を貸さなくなったり、口答えしたりすることも出てくるでしょう。

親子の双方向のやりとりを成長と捉えて楽しむことができるお母さんがいる一方で、

子どもの口答えにとまどったり、イライラしてしまうお母さんもいるかもしれません。

この時期は、ちょうど「イヤイヤ期」と重なります。

お母さんはちょっと大変な時期ですが、このときに「イヤイヤ言ってないで、言うことを聞きなさい！」「そんなにイヤなら、やらなくていい！」などと言ってしまうと、自律性を身につける機会をみすみす失ってしまいます。

この時期の子どもは、「自分でやりたい」と思っても、上手にできずに失敗することも多いでしょう。そのときに親から怒られたり、失敗を指摘されたりしてしまうと、「自分でやりたい」という気持ちはしぼみ、自信を失ってしまうこともあります。

「自分でやりたい」というポジティブな力と、うまくいかなくて「失敗するかもしれない」というネガティブな力がせめぎ合い、葛藤しながら成功した体験を積み重ねていくことで「自律性」が身についていきます。

子どもの「自分でやりたい」気持ちを大事に受け止め、促していくことで、子どもは結果として意欲的に生きていく力である「意志」を獲得できます。

「意志」は、次のステップの「積極性」にもつながり、自分で考えて行動ができる子の基礎になるのです。

そして、これがさらに次の学童期の、自分から勉強する子になり、「自分ってできるんだ（有能感）」にもつながります。ですから、年齢ごとの課題をしっかり獲得していくことが大事なことがわかりますね。

親に怒られた子の心の中

ここで、ひとつのストーリーを紹介しましょう。

子どもが外で花を摘み、「お母さんにあげよう」と思って家に持って帰ってきました。自分の力で花を花瓶に入れ、「お母さーん」と喜んで渡そうとしたそのとき……。

ガチャン！

花瓶を落として割ってしまいました。お母さんは「何やってるの！」と怖い顔で子どもを怒ります。さて、このお母さんは子どもが「大事な花瓶を割った！」という状況から怒ったのでしょうか？

ここに怒りに関する大事なポイントがあります。

①お母さんがその瞬間に感じるのは状況ではなく、お母さん自身の恐怖の感情です。
②自分の恐怖をなんとかしようと子どもを怒るという攻撃反応が自動で起きます。
③怒りが怒りを呼び子どものことなど考える余裕がなく、自分のことでいっぱいになってしまっています。

この状態では、お母さんのためにお花を摘んできたというお子さんの優しい気持ちにまで思いが至りませんね。

お母さんの怒りの自動反応が起きなければ、事情を聞いてお母さんも怒るのではなく、お子さんの気持ちにうれしくなったのではないでしょうか？

そして、いきなり怒られた子どもの心の中はどんな状態でしょうか……想像してみてください。

お母さんにあげようと思ったお花を落としてしまってショックだったのに、お母さんにも怒られて、自分の感情はどこにも持っていけません。

3歳くらいまでの子どもは、まだ他者の視点が持てません。お母さんにお花を渡そうと思ったことを理解してもらえれば、わかってくれるかもしれない、なんて考えません。

だから、ただ「お母さんに怒られたから悲しい自分の気持ちを我慢する」ということが起きます。こうやって、子どもの目で見たままのことが、頭の中に残るのです。とてもせつないですね。

お母さん自身の、この時期の課題を達成できていない未発達の心が、恐怖のスイッチを押してしまったのかもしれません。自分のことで精いっぱいで、お子さんのその背景まで想いを馳せることができなかったのかもしれません。でも、こういうことが、お子さんの心の成長を未発達にしてしまうのです。

これは、子どもの心の発達を知らないことによる連鎖の悲劇です。こうやって心の未発達の世代間伝達は行われていくのです。親も子も、誰も悪くないのです。今は遺伝子にまで組み込まれていることがわかっているようです。どこかで止めなければいけません。どうか、あなたのところで止めてくださいね。

一人では難しくても、そのために私たち「心の専門家」がいることを知っておいてください。

「すぐキレる」のも自律心が育っていないから

「できない〜〜！」と言って癇癪《かんしゃく》を起こして暴れるお子さんに手を焼いているというお母さん。

お子さんが癇癪を起こすのも、お子さんの自律心が育っていないことに原因があることがあります。

癇癪持ちは子どもだから仕方がない、子どもの特徴だと思っている人もいるかもしれませんが、そうではありません。

癇癪を起こしてしまうのは、感情をコントロールできていないからです。

「感情をコントロールすることなんて、子どもにできるわけがない」と思いますか？

ステップ1でもお伝えした通り、「感情を抑える」「我慢させる」ことではなく、感情を出させることで感情をコントロールできるようになります。

これをしてこなかったために、自制ができない大人が増えていますよね。衝動的にキレて、破滅的な行動をしてしまう大人の多くは、幼い頃にたくさん我慢して、感情を抑えてきた人なのかもしれません。

せっかく子どもの自律心が育っても、お母さんやお父さんに抑え込まれてしまうケースもあります。子どもによかれと思っているつもりで、「あなたはお母さんの言うことを聞いていればいいのよ」と言って、子どもの自律の芽を摘んでしまうのです。

癇癪を起こす子に、お母さん自身も我慢ができない。それは、お母さん自身が我慢を強いられてきた子だった、ということはよくあります。だからお母さんも感情をコントロールできずに、そんな子どもに怒ってしまう。怒られた子どもは癇癪を起こす。そうやって負のループが繰り返されていきます。

ちょっと厳しい言い方になってしまいましたが、そのことに気づくこと、お母さんがそんな自分を認めて自分自身を受け入れてあげることで、お子さんの癇癪が治まったケースもあります。

あるお母さんは、自分自身が我慢してきた子ども時代だったことに気づいたとき、幼い頃の自分が「わかってくれてありがとう!」「フタをしていた気持ちを出させてくれてありがとう！」と言っているような気がしたとおっしゃっていました。

幼少期の不完全燃焼だった自分自身を、お子さんを通して一緒に満足させてあげることができたのですね。

自律性が育たないと、将来どうなる？

「自律性」の対立は「恥や疑惑」です（19ページの表参照）。

「恥や疑惑」と言われてもピンとこないかもしれませんね。ステップ1で「基本的信頼感」が獲得できないと、自己開示できないというお話をしました。自己開示できない＝自分をさらけ出すことができないということです。「恥」とは、自分をさらけ出すことで何かとんでもないことが起きるのではないか、怒られたり、失敗したりしてしまうのではないか、恥をかくのではないか、という状態ですね。

そして「疑惑」とは、相手にではなく、自分に対する不信感のことを言います。

「自分はどうせできない人間だ」と、自分のことが信じられなくなるのです。ここもステップ1「基本的信頼感」とつながってくるところです。

言うまでもなく、子育てにおいて「自律」はとても重要です。「自律性」がなければ、当然、次のステップである「積極性」も生まれません。**「自律性」を獲得できていない状態で、「どんどん自分から積極的にやりなさい」「主体性を持ってやりなさい」などと教えても、残念ながら無理なのです。**まずは、この段階でしっかり「自律性」を育てていけるようにお母さんがサポートしていきましょう。

ここで、わかっていただきたいのは、自律させなきゃと厳しくしつけるために突き放すということではなく、**しっかり甘えさせてあげる**ことなのです。年齢の近いきょうだいがいると、まだたった2歳や3歳なのに「お姉ちゃんでしょ。自分でしなさい」と甘えさせてもらえなかったりすると、自律を育むことができません。「自分でやる」のはいいのですが、強制させられるのはイヤなんです。

自律性が育っていないと、どうなってしまうのでしょうか。

自律性が身についた子は「できる自分」として自信をつけていきますが、自律性が身につかないと、「できない自分」として自信を失っていきます。

たとえば、この時期の子どもは、ちょうどトイレトレーニングをしますよね。**トイレトレーニングは成功と失敗の繰り返しです。**トイレできちんとおしっこやうんちができれば自信を持ち、失敗すれば恥ずかしさや自分に対する疑惑を抱きます。成功体験だけでなく、同時に失敗体験も積み重ね、成功が失敗を上回ることでやがて自分の力でトイレで排泄《はいせつ》することができ、ちゃんとコントロールできる自分に自信ができて自律性が備わっていきます。

「ぼく（私）、もう自分でトイレできるよ！」という自信がつくのです。

一方で、トイレに失敗したときに、親にいつも怒られたり、おもらしを責められたりしたらどうでしょう。自発的に行動しようという意欲や自信が持てなくなり「恥と疑惑」だけを感じるようになるのは当然のことではないでしょうか。

トイレができたときはほめ、おもらしをしたときはスルーでＯＫ。失敗したら汚れた衣類や下着を替えればいいだけ、恥ずかしいことじゃないよ、ということを淡々とした態度で示してあげてください。「なんでおもらししたの！」なんて怒るのは無意味です。だって、出ちゃったんだから、仕方ないですよね（笑）。

自律性が身につかない子は「意志」がなくなります。

意志がないから、親の言うことを聞きます。言うことをよく聞くいい子、育てやすい子、と親は思うかもしれません。でも、意志を持たない子どもは、言い換えれば、親のコントロール下に置かれる子どもでもあるのですよ。

そのまま思春期になると、今度は親に心を閉ざすようになり、不登校やひきこもりにつながることもあるのです。

私の主宰する講座を受講される多くのお母さんが「子どもには愛情を持っています」とおっしゃいます。「それなのに、なぜ子育てがうまくいかないのだろう……」と悩んでいるのです。

「愛情を持っている」というお母さんの思いが、なぜ子どもには伝わらないのでしょう。

ステップ1で、基本的信頼感が重要だというお話をしました。親子の強い絆である愛着が大事なのですが、**愛情≠愛着**ということを多くのお母さんが理解されていません。いくら愛情を持っていても、子どもとお母さんの相互のやりとりがないと愛着はできないのです。

「愛着関係」があるからこそ、安心して親から離れられる

こんなエピソードがあります。

「子どもが私から離れようとしない」と悩んでいるお母さんがいました。

お子さんと公園に遊びに行くと、ほかに同年齢くらいの子どもたちが遊んでいますね。お母さんは、「みんなと一緒に遊んでらっしゃい」と言います。

でも、子どもはお母さんから離れようとしません。ステップ1でしっかりと信頼関係ができて親子の情緒的な絆である**愛着形成ができていたなら、子どもは安心してお母さんから離れていくことができます**。ただ、この時期は母子分離不安と言って、まだ完全にはお母さんから離れられないことがあります。お母さんという安全基地から離れたり戻ったりしながら、長時間、離れていられるようになるのです。

それなのに、お母さんは「行きなさい、行きなさい」と何度も背中を押します。どんどん顔も怖くなってきます。

すると、子どもも、もっと怖くなってお母さんにしがみついてしまいます。このとき、子どもとお母さんの心に何が起きているのでしょうか？

子どもは怖いから、安全基地に守られたいと思っています。でも、そのお母さんは安全基地になっているでしょうか？

お母さんとしては、みんなと同じことができないと困るだろうと、子どものためによかれと思って背中を押しているつもりでいるかもしれません。

でも、実は、**みんなと同じことができないわが子に対するお母さんの心の不安**から来ていることが多いのです。

つまり、子どものためではなく、自分の不安解消のための言動です。だから、顔もどんどん怖くなっていくのです。そのことにお母さんが気づくと、子どもの不安に寄り添ってあげることができます。

お母さんが安全基地であれば、子どもの不安を解消してあげられるのです。そうすれば、子どもは自分の意志で積極的に自分から中に入っていくことができます。

「あなたはどうしたい?」の落とし穴

よく、自分で意志決定できる子にさせるための声がけとして、親が子どもに**「あなたはどうしたい?」**と聞くようにしているという話を聞きます。また、このような言葉がけが自律を促す、子どもの問題解決能力を伸ばす、としている本なども見かけます。

たしかに「あなたはどうしたい?」は、いかにも子どもの意志を尊重し、子どもの自律を促す言葉がけに思えますよね。

でも、お母さんの顔色を見て育ってきたお子さんに、いくら「あなたはどうしたい?」と聞いても、答えは決まっています。

そう、〝お母さんが望む答え〟を自分の意志として答えてしまうのです。

「お母さんだったら、どう答えてほしいかな」と無意識に考えてしまう、そしてそのことに疑問を持たない、そういう関係がすでにでき上がってしまっているのです。

なかには「あなたはどうしたいの?」と聞いて子どもが答えたとしても、「そうじゃ

えあります。ないよね、こうだよね」とお母さんが自分がしたいように言い換えてしまうケースさ

よくあるのが、習い事選びです。

「あなたはどうしたい？　自分で選びなさい」などと子どもの意見を尊重してやりたい習い事を選んだとしても、子どもが思ったのと違ったと思うこともあります。それで「やめたい」と言ったとたんに「自分でやりたいって言ったのよね？」「あなたが決めたのよね？」「自分から言ったじゃない」などと言うお母さんがいます。

そうすると、子どもはやめたいと思ってもやめられなくなります。子どもなりに、「下手なことを言ったら、やめさせてもらえない」と察するので、そもそも**「自分からやりたい」と言えない子になってしまう**ケースもあります。

やがて自分の思いは封印し、いつもお母さんの顔色を見て、「お母さんがこうしなさい」と言うことだけをやる子になってしまうのです。

習い事で言うと、「私はやめてもいいと言ってるけど、子どもがやりたいと言っている」と言うお母さんもいますが、お子さんはお母さんの顔色を見て強迫観念にとら

われてやらなきゃと不安になってしまっているだけ、ということもあるのです。

その場合、その習い事に行けないことがあったりすると不安にかられて泣きさけんだり、癇癪《かんしゃく》を起こすということも起きます。そうなるとお母さんは、ますますそんなに行きたいのかと思い、子どもはどんどん不安定になってしまいます。自律からも遠くなってしまいます。お母さん自身が自分のことがわからないと、そういうことが起きてしまうのです。

ドキッとしたお母さんもいるかもしれませんね。でも、安心してください。お母さんが自分の未発達な段階に気づいて危機を乗り越えることができれば、子どもの話に耳を傾け、子どもの本音を引き出すことができるようになります。

今までは子どものほうがお母さんの望んでいる答えを考えて出していたものが、逆になります。今度はお母さんのほうから、「この子の本音は何なのかな」と考えて、引き出してあげられるようになるのです。これは、「基本的信頼感」のところで解説した情緒応答性の「敏感な応答」につながりますね。

3歳までに自律性が身につくのが理想だと言うと、落ち込んでしまうお母さんもいるかもしれませんが、もちろん3歳を過ぎても、思春期になっても大丈夫、あきらめる必要はありません。人は生涯ずっと発達し続けることができるからです。

「子どもの失敗を怒らないママに変わりました！」

実際の受講生のお母さんで、自分が変わることでお子さんが変化した例を、「ビフォー」「アフター」で紹介しましょう。

ビフォー

渡邉佳子さんは2歳の娘さんとの関わりに悩んでいました。

あるとき、娘さんが食器洗いを手伝おうとして、コップを割ってしまったそうです。そこで思わず、「何してるの！　割れちゃったじゃない！」と怒ってしまったと言います。

話を聞くと、手伝おうとしてくれたことを頭ではわかっていても、失敗してしまったこと、コップが割れてしまったことに頭がいっぱいになり、ついカッとなってしまったとのこと。

佳子さんはすべてにおいて子育てに自信がない様子でした。育児休業中から子どもに対するイライラが収まらず、愛するわが子にどうして怒ってしまうんだろうと落ち込むばかり。この状態で職場に復帰して忙しくなってしまったら、もっと大変なことになるのではないかと不安や恐れが湧き、講座を受講されました。

佳子さんが小さい頃、どのような環境で育てられたのか話を聞くと、佳子さんのご両親はとても真面目で、「ちゃんとした子どもに育てなければ」という思いが強かったようでした。その中で佳子さんは自分のことを「できの悪い子」と思って育ってきたそうです。私からすると佳子さんは知的で仕事もできて、すてきな女性です。それなのに自分に自信がなさそうなのは、こういったところに原因がありそうでした。

そして、ご自身も親になった佳子さん。「自分のような子に育ってほしくない」と思いながらも、同じように**「失敗してはいけない」「ちゃんとした子どもに育てなければならない」という強い思考癖**があったのです。

アフター

受講中に自分の心の未発達な部分からくる思考癖に気づいた佳子さん。お子さんとの接し方に少しずつ変化が見られ始めた頃のこと。佳子さんが夕食の準備をしていると、娘さんが隣に来て、大人のガラスのコップで遊び始めました。そのとき手がすべって、シンクに落ちてコップが割れてしまいました。怒ってしまったあのときと、ほとんど同じ状況です。ところが、

「大丈夫？　ケガしてない？」

頭で考えることなく、とっさに佳子さんの口をついて出た言葉でした。自分でも反応が変わったことにびっくりです。しかもそのコップは、佳子さんご夫婦が結婚式の引き出物に選んだ思い出のコップ。とても気に入っていたものでした。

でも、コップが割れた瞬間、佳子さんはお子さんへの心配でいっぱいで、怒りの感情は少しも湧いてこなかったのです。

「子どもがコップを割る」という同じことが目の前で起きたのに、なぜ、こんなふうに変わったのでしょうか。

２歳の娘さんには当然、「自律性」が芽生え始めています。

花瓶の例と同じように、コップを割ってお母さんに怒られると、子どもはコップを割った事実よりも、ただただお母さんに怒られたことが記憶に残ります。

そして自分を否定するようになり、自信も持てなくなるため、お母さんの顔色を見て判断するようになっていきます。一方、「大丈夫？」と娘さんのことを心配してくれたら、お母さんの優しさだけが伝わります。「自分は愛されている大切な存在なのだ」と感じることができるでしょう。

この例では、**お母さん自身の心の未発達な部分が成長することで自分の不安を解消することができたので、心の余裕が持てるようになり、子どもの自律のサポートが自然にできるようになった**のです。

何歳からでも間に合う！　自律心の育て方

自律性は幼児期初期に身につけるのが理想ですが、もちろん、子どもが小学生でも中学生でも大丈夫。小学生以降に自律性を身につけ、自信をつけていった例を2つ紹介します。

事例1 「〝教室に入れない〟と泣いていた子が学級委員になりたいと手を挙げるように！」

Eさんは小学校2年生の女の子のお母さんです。娘さんは、いつも学校の教室の前に来ると怖くて泣き出してしまい、教室に入れない、と悩んでいました。

話を聞くと、Eさんはいわゆる過干渉の母親でした。毎日ランドセルの中身を忘れ物がないかどうかチェック。何でも先回りして、子どもが失敗することがないように細心の注意を払っていたのです。

Eさん自身も、過干渉はよくないことはわかっていました。でも、やらずにはいられません。なぜならEさんの中に「子どもに失敗させてはいけない」という強い不安があったからです。

お母さん自身に「失敗してはいけない」という強い不安があると、自分の不安を解消するために失敗しないように先回りをしてしまうのです。その結果、子どもも同じように「失敗しちゃいけない」と思うようになります。

するると、子どもはどうなると思いますか？ 怖くて行動できない子どもになってしまうのです。子どもは失敗することで学び、成長していくものです。でも、お母さんがその〝失敗させる機会〟を奪ってしまっているのです。

「失敗させないように」というところから動こうとしないお母さんに、「失敗しないと子どもは成長しないんですよ」といくら説明しても伝わらないことがあります。そのときは具体的にお話しすることもあります。

「たとえばお子さんが教科書を忘れたらどうしますか？」と聞きます。

それまでなら、お母さんが学校に教科書を届けに行っていたかもしれません。でも教科書がなくても、子どもができることはたくさんあります。

隣の席の友だちに声をかけて「教科書を一緒に見せて」と頼んだり、ほかのクラスの友だちに教科書を借りたりすることもできるでしょう。先生に正直に言って、教科書を借りることもできるかもしれません。

子どもが失敗を取り返すために自分で考えて行動するチャンスをつくってあげてほ

しい、とお話しします。子どもは案外自分でいろいろ考えて行動できるものなのです。

私の次男が小学校1年生のときの話です。その日はプールの授業がある日でした。通っていた学校ではプールに入るには、必ずプールカードにその日の体温の記入とハンコが必要でした。先生はそれにチェックをするのです。その日の朝は雨が降っていたので、プールカードの記入をせずに息子は学校に行ったのですが、途中で雨がやみました。近所のママ友は、急いで学校にプールカードと水着を届けたそうです。そのママからプールの授業があったことを聞きました。

私は息子がかわいそうにと思い、プールに入れなかったと泣きながら帰ってくるのではないかと思ったのですが、息子は予想に反して元気よく帰ってきました。プールバッグをブンブン振り回して……。

「今日、プールに入れなかったんじゃないの？　カード持って行ってあげなくてごめんね」

と言った私に、息子はニコニコと笑いながら、「僕、プールに入ったよ！」と言うではありませんか。

話を聞くと、前回のプールの日はプールカードを持って行ったのですが、雨で中止になりました。使わなかったプールバッグは学校においてあったそうです。そして、プールカードですが、前回の日付で体温の記入とハンコがありました。でも中止だったので先生のチェックがなかったそうなのです。そこで、息子が考えたのが……日付を書き換えればいいんじゃないか？　ということだったんですね。つまり、偽造したのです（笑）。

先生も、消しゴムで消して子どもの字で日付を書き直してあったことには気づかれたはずですが、目をつぶってくださったのでしょう。それにしてもそんな悪知恵が働くようになっていたとは。私が思っていた以上に成長していた息子に驚きました。

過干渉の親の場合、親子のコミュニケーションも密だと思われるかもしれませんが、実はそうではありません。子どもがたくさん話したい、と会話のボールを投げているのに、親はボールを受け止めることをせず、すぐに打ち返したり、スルーして自分が投げたい方向に投げているので、いつまでたっても、お子さんが欲しいところにボールは飛んでこないのです。

お母さんが自分の思考の癖に気づいて手放すことができるようになると、お母さん自身が「失敗してもいいんだ」と心から納得できます。人から言われて直すのではなく、〝自分で気づく〟ことが重要です。

会話の中で、子どものボールを受け止められるようになると、子どもの本音を引き出すことができます。そして正しい方向にボールを投げ返すこともできるようになると、親子関係もとてもよくなります。

お母さんが納得しないままで「失敗してもいいんだよ」と言っても、子どもには通用しません。「失敗してはいけない」という不安を持ったままで、どんなに口先だけでカッコいい言葉をかけても、子どもには「失敗しちゃダメ」という真逆のメッセージとして聞こえます。

たとえば、ご夫婦の会話で、こんなことはありませんか？

ご主人が「僕は全然怒ってないけど」と言っているのに、「(めちゃくちゃ) 怒ってるよね？」ってわかってしまうとき、ありますよね（笑）。子どもも同じです。子どもは親を本当によく見ていますから、全部お見通しなんです。

子どもからすると、大人の「言葉」と「態度」が一致しないと、どちらを信じたら

いいのかわからず、混乱してしまいます。

こんなささいなことでも、子どもはエネルギーを消耗します。家庭で十分に充電できずエネルギー切れになれば、学校に行けなくなってしまうかもしれません。

それに対して、お母さんが気づき、心から納得した後に発する「失敗してもいいんだよ」という言葉は、同じ言葉でも不思議と子どもの心に真っすぐに届きます。これが、何度もお伝えしている「お母さんの在り方」が変わる、ということなのです。

すると子どもの行動変容が起こります。Eさんのお子さんもそうでした。なんと娘さんは、「学級委員になりたい」と自ら手を挙げたそうです。教室に入れなかった子が、嘘のようだと、お母さんも喜んでいました。

ただし、ひとつ気をつけることがあります。

「子どものやりたい気持ちを大切に」とか、「子どもに失敗させましょう」と言うと、大人がサポートすることなく、何でも子どもの力だけでやらせようとしてしまうことがあるのですが、それはただの放任です。

子どもを本当の意味で自律した大人にさせたかったら、小さいうちは正しく手をか

けてあげることが大事です。

子どもの背伸びにちょっと手を貸してあげる、という感じです。

子どもができないところは大人が一緒にやり、サポートをし、子ども自身の力でできるところは自分でやらせてあげるのです。繰り返し一緒にやるうちに、一人でできるようになったら、そっと手を放せばいいのです。

私の娘が2歳のとき、朝起きたら洗濯機の前に娘のベッドのシーツとパジャマ、パンツが置いてあったことがありました。夜中におねしょをして、自分で脱いでシャワーを浴びて、着替えて寝たようです。これには本当にびっくりしました。いつも私がやってあげていたことをマネたのですね。

お母さんがやってあげる→一緒に手伝ってあげる→自分でできる。

できないことは、まず一緒にやってあげると、そのうち自分でできるようになります。小さいときに正しい方法でしっかり手をかけてあげると自律も早くなり、結局はお母さんも早くラクになりますよ。ただ「自分でやりたい」気持ちが先行して危険な年齢でもあります。やりたい気持ちは大切にしつつ目は離さないでください。

事例2 「いちいち親に確認していた娘が自分で決めて行動するように」

高校1年生の長女と中学2年生の次女の2人の娘さんのお母さん、伊藤かよこさんの話です。次女のことで悩んでいました。

次女は中学に入ってから学校に行けなくなりました。もちろん、不登校であることをかよこさんは悩んでいましたが、それ以上に心配していたのが、娘さんに自分の意志がないことでした。

何でも**「お母さんはどう思うの？」**と聞いてきます。宿題のテーマひとつ自分で決めることができません。

極め付きは、SNSのアイコンです。離れて住んでいる長女から次女に、あるとき連絡がありました。長女が、「(次女と)おそろいのアイコンにしよう」と連絡をしてきて、いくつかある写真の中から、「どの写真にする？」と妹に聞いてきました。すると、なんと次女のほうからお母さんに、「どの写真がいいと思う？」と聞いてきたと言うのです。「あなたの好きな写真を選べばいいよ」と言っても、**「お母さんが決めて」**。

私の主宰する講座を受講したことで、かよこさんはこれまで次女が母親である自分の顔色をうかがい、母親の望む通りのことしか選択しないこと、そして、それはかよこさん自身が次女を無意識にコントロールし、そうさせてしまっていたことがわかっていたので、どんなささいなことでも自分で決めるように促しました。

何度かやりとりして、ようやく自分でアイコンの写真を選んだそうです。この経験は、「次女が初めて自分で選び、決めた体験」であると同時に、「かよこさんが初めて娘に決めさせることができた体験」でもありました。

こうして**「自分で決められた」「自分で決めても大丈夫」という経験を重ねることで、娘さんは少しずつ意志を持ち、自分で決められるようになっていきました。**

やがて学校にも行き始め、宿題も「こんなテーマでやってみたい」「こういう研究をしてみたい」と言うようになりました。

進路にも前向きになり、「こういう勉強をしたいから、こういう学校に行きたい」と、希望も伝えられ、今は高校受験に向けて頑張っているそうです。

幼児期前期の「困った！」は心理学で問題解決

トイレトレーニング

私たちは「視覚」「聴覚」「嗅覚」「触覚」「味覚」という五感を持っています。**五感を育てることは子どもの成長にとても重要です。肌感覚、皮膚感覚を育てることは、その後の賢さにつながります。**

おむつが濡れると子どもは不快になりますね。もしも五感が育っていなかったら、不快を不快と思わなくなります。すると、不快さを解決したいという欲求も出てこなくなってしまいます。

赤ちゃんのときは、お母さんにおむつを替えてもらうために泣いて伝えます。

言葉が話せるようになると、「ちっち」「おしっこ出た」などと言って教えてくれます。それにお母さんが応えて、トイレに連れて行ってあげます。そのうち、自分でできるようになると、一人でトイレに行きます。これが自律の過程です。

親がトイレトレーニングして、おむつを外そうと躍起にならなくても、自分から不快を快適にしたいという欲求が湧けば、おむつは自然に取れるのです。この間、子どもの脳の中では、不快を快適にするための問題解決策をいろいろ練っているわけです。それなのに、赤ちゃんのおむつに対しては、ついお母さんは目の前の便利さのほうを取ってしまうことが多いような気がします。でも、ちょっと考えてみてください。私たちは生理のとき、生理用ナプキンを使いますが、あれを24時間365日、つけ続けたいと思いますか？　紙おむつをつけている赤ちゃんは、ずっとそういう状態なのです。

私は長時間の外出以外は、4人の子どもたちを布おむつで育てました。布のほうが気持ちいいだろうと思ったからです。結果として子どもたちの快と不快の感覚を身につけるのに役立ったと思っています。みんな2歳前にはおむつが取れました。

そして前述したように、たった2歳の娘が不快を自分で解消しようと、①シーツを剥がし、②パジャマを脱ぎ、③洗濯機まで持って行き、④シャワーを浴び、⑤新しいパジャマに着替えて、⑥寝るということをしたのです。

問題解決にどれだけ頭を使って行動したかと考えると、本当にすごいことだと思いました。人は本来、自律の欲求を持っています。そこをしっかりサポートしてあげたいですね。

ママから離れない

「ママから離れない」「癇癪を起こす」ことで困っているママもいらっしゃいます。

先ほどの事例でもお伝えしたように、子どもがお母さんから離れたくないのは、母子分離不安と言って、3歳前頃までは自然な欲求ですから、ずーっとその状態でなければ、それほど心配することではないのですが、お母さん自身がこの危機を乗り越えていない場合は、お母さんがお子さんのその状態を見て、とても不安になります。そうすると、お母さん自身の不安を解消するための行動をしようとします。それが無理やりみんなのところに押し出そうとすることです。

心理学の研究で、子どもはわずか生後8カ月の頃から、お母さんの顔色を見て行動を決めるということがわかっています。

お母さん自身が不安な顔をしていると、子どもも不安になります。お母さんが無意識のうちに子どもの行動を止めてしまっていることがあるのです。

公園で子どもがほかの友だちと遊びたがらない場合。お母さんは「ほら、お友だちがいるから遊んでらっしゃい」と言い、自分と離れてお友だちと遊んでほしいと思うあまり、お母さんが怖い顔をして無理やり引き剥がそうとすると、ますます子どもはしがみついてしまいます。

このようなときは、しがみついてきたお子さんの不安をしっかりと受け止めて無理に行かせようとせず、お子さんを抱きしめて「大丈夫だよ」というメッセージを伝えてあげましょう。

お母さん自身の心からのメッセージが伝われば、子どもは自然にお母さんから離れます。お母さん自身の不安が解消できていたら自然にできるようになります。

何度もお伝えしているように、子どもが離れることができるのは、お母さんとの間にしっかり信頼関係ができているからです。だから、何よりも先に、**お子さんを安心させてあげること。お母さん自身が安全基地になれているか**を確認してくださいね。

言葉が遅い

2歳頃になって気質的な問題がなくて言葉が遅いお子さんを心配するお母さんがよくいらっしゃいます。いろんなところで、

「お母さん、お子さんによく話しかけてあげてください」

とアドバイスされるそうですが、お母さんはお子さんによく話しかけていると思っているようです。赤ちゃんのときに黙ってお世話をしていて、1歳を過ぎて話ができる時期になってから急に一生懸命話しかけていても、子どもは突然話すようにはなりません。

赤ちゃんだから会話ができないと思っていませんか？　実は赤ちゃんのときから、ちゃんとお母さんと会話をしようという欲求があります。生まれたばかりの頃から、しっかり会話をしてあげることが大事です。

娘と一緒に子どもたちが赤ちゃんの頃のビデオを見ていたとき、娘に「ママ、一人でしゃべっているよね」と言われたことがあります（笑）。

もちろん、一人でしゃべっていたわけではありません。赤ちゃんの表情から気持ちを読み取り、「楽しいね」「びっくりしたね」と声をかけたり、真っ赤な顔をして踏ん張っていたら、「うんち出るね」など会話をしていたのです。

この相互の交流が、言葉の発達はもとより、ステップ1の信頼関係という親子の情緒的な絆を強くします。

そのため、**生まれてすぐから会話をすることが大事**なのです。生後2カ月くらいしてくると、赤ちゃんから「うーうー」「あーあー」などの言葉が出てきます。クーイングと言いますが、そういった声も、おしゃべりとして捉えて応えてあげましょう。

私の次男が赤ちゃんのときに、長男に絵本を読んでもらって、目をくりくりさせて、とても上機嫌にしている映像が残っています。たった2カ月のときです。

このとき長男は5歳でしたが、ただ絵本を読むだけでなく、次男の反応を見ながら喜ぶように、あやしながら読んでいました。自分がやってもらっていたことをそのままやっていたのですね。

その長男も親となり、私はおばあちゃんとなりました。1歳3カ月の孫がいますが、先日、私の実家の猫に軽く手を引っかかれたことがありました。その後、「にゃんにゃん」と指差し、眉を八の字にして悲しい顔で「イタタ」と引っかかれた手をトントンと叩いて見せるのです。そして、私が「どうしてイタタになったのかな？」と尋ねると、まさに引っかかれた状況の再現を始めるではないですか。

1歳3カ月までって本当にあっという間です。この間に正しい関わりをせずに放置していたらと思うと、本当に怖いですよね。

言葉はそのうちバブリングといって、「ダーダー」「バブバブ」という声を発するようになります。その声に対してもお母さんは言葉として捉え、楽しんで応答しましょう。**親子で相互に情緒的なやりとりをすることで、子どもは言葉を学んでいきます。**

では、具体的にどんな会話をするのか紹介しましょう。

おしっこ出たのかな？　と思ったら「ちっちかな～」、おむつを替えたら「気持ちいいね～」、ごはんを食べたそうにしていたら「マンマ食べたいの？」、パパが帰ってきたら「パパ来たね」など、何でもいいのです。

よく、言葉のシャワーを浴びせることが大事だと言われますが、絵本をただ読むだけ、テレビの声を聴かせているだけでは、言葉はただ通り過ぎていくだけです。

やはり大事なのは相互の交流である〝会話〟なのです。お母さんは、子どもの表情から感情を読み取り、子どもの発信に対してお母さんが欲求を読み取り、応えることなのです。

そして、この会話を学ぶことが、学校の勉強にもつながっていきます。**心理学でわかっている成長の発達段階として、書くことができるようになるには、まずは会話ができることが重要である**とされています。

学童期になってから「うちの子は勉強をしない」とか、「文章が書けない」などと言わなくて済むように、赤ちゃんのときからしっかり会話を楽しみましょう。

ステップ3

自分で考え行動する心

「自主性」を育て〝目的〟を獲得する

自主性とは

前のステップ2までの段階で信頼感や自律性が育まれていると、子どもは積極的に行動する「自主性」が見られるようになります。たとえば、「なぜ、なぜ？」や、「どうして？」と大人を質問ぜめにしたり、一人遊びが多かった2歳くらいまでに比べ、友だちに対しても、自ら積極的に働きかけるようにもなります。これが「自主性」です。この積極的な態度や行動をとっていると、自分がその行動をとる理由もわかるようになり、「目的（意識）」という力を獲得できるわけです。

3歳頃の第一次反抗期と言われる時期になると「自分でやりたい」という気持ちがあるものの当然うまくいかないこともあり、「ママにやってほしい」という甘えの気持ちと「自分でやりたい」という気持ちの間で葛藤が生まれます。

子どもがうまくできないのを見てママが手伝おうとすると「イヤ！」と言ったり、洋服も自分の好みじゃないと「イヤ！」と言い出したりしますね。

「昨日までママが選んだ服を着てたじゃない」と、無理やりお母さんの意見や都合を通そうと説得しようとすると、癇癪を起こしたりします。そういうことをされると、お母さんがカーッとなってしまうということもよく聞かれます。

お子さんが成長しようともがいているときに、サポートではなく、イライラしたり怒鳴ったりしてしまうようであれば、お母さん自身がこのステップの危機が未発達のまま、目的を獲得できずにいたからかもしれません。

3～6歳くらいになると言語能力も運動能力も発達し、大人に対しても、子ども同士でも、会話による意思疎通が行えるようになります。子どもだけでルールをつくったり、大人のマネをする「ごっこ遊び」などもできるようになりますね。社会性を身につけていくようになります。

ただ、子ども同士で仲よく遊んでいるだけというわけではなく、おもちゃの取り合いになったり、癇癪を起こしたり、兄弟ゲンカに困っているお母さんのお話もよく聞きます。

自主的に行動して周囲に働きかけていけば、当然、同年代の子どもとの競争や衝突が生じることがあります。そのとき、自分の思い通りにならないことがあったり、お友だちのものを取ったり自分のものを貸さなかったりして親から注意をされるなどといった経験もするでしょう。

自主的に行動をすれば、それだけうまくいかないことや失敗もします。それでも、その失敗する経験をしながら、それを上回る成功体験を積み重ねることによって、より自主性が強くなります。

いくら一人でできることが増えたといっても、まだ幼児期。大人の手を借りなければできないこともたくさんあります。

このとき、お母さんがやったほうが早いからと、何でもかんでも手を貸してしまうのは、よくありませんよね。逆に、「もう一人でできるよね」などと言って放置して、できないのにやらせるのも考えものです。

まだまだ甘えたい気持ちを満たしてあげることも、お子さんの成長に大事なのです。**子ども時代には子どもらしくいられることが必要です。**お母さんの心が未発達で子どものままだと、子どもに大人の役割をさせてしまうようにもなります。それにも、お母さん自身が子どもらしく育てられなかったことが理由となっているのです。

過干渉でも放置でもなく、自分一人ではうまくできないところを上手に手伝いながら、「できた！」という体験をさせてあげましょう。

「自分一人では難しいけど、誰かにちょっと手伝ってもらうとできること」に挑戦していくことで、より成長が望めます。心理学では、**発達の最近接領域**と言います。「自分一人でできること」ばかりやっていても、あまり成長は望めません。お母さんは、ちょっと背伸びしたいお子さんの気持ちに合わせて、手を貸してあげるのがいいでしょう。

積極的に行動したことによって「自分の思い通りに物事が進んだ」「うまくできた」経験を積み重ねることがポジティブな力になります。

逆に、「うまくいかなかった」「思い通りにならなかった」「怒られた、注意された」という経験は、ネガティブな失敗体験になります。

成功と失敗。どちらも大切な経験ですが、罪悪感を上回る自主性を身につけることで、「目的（を持つこと）」という生きるための力が獲得されるようになるのです。目的を持って行動する意味がわかるようになることで、自分の興味があることに力を注いでいくことができるようになります。

そうすると、その後の人生にますます積極的に、自主的に行動できるようになり、夢や希望に向かって進んでいけるようになるでしょう。

お母さんの関わりが変わったことで、自分からすすんでやる子になったエピソードをビフォー&アフターで紹介しましょう。

「親の顔色をうかがう娘が変わりました！」

ビフォー

「2歳の娘が、いつも私の顔色をうかがっているみたいなんです」

先ほどご紹介した渡邉佳子さんに、こんな相談をされたことがあります。

娘さんが1歳の頃、カーテンに手を伸ばして遊ぼうとしていたとき、たまたま佳子さんが「○○ちゃん!」と子どもの名前を呼んだら、あわてて手を引っ込めたそうです。「怒られるかもしれない」と娘さんがビクビクしていることが佳子さんにはわかりました。

佳子さん自身、これはダメ、あれはダメと、大人が社会でしてはいけないことを子どもに教えるのがしつけであり、親の役目だと思っていたのです。

講座で学ぶことで、佳子さん自身の思考の癖や、「ちゃんと育てなければ」という思いにとらわれ、厳しくしつけることが正しい子育てだと信じていたことに気がつきました。そして、自分の不安から先回りして子どもの行動を止めていたこともわかりました。

そこからは自然に娘さんの気持ちを受け止められるようになり、やりたいことを引き出すような会話ができるようになりました。

アフター

講座を受けてから1年後、娘さんが3歳になった頃のこと。

一緒にお風呂に入っているときに冷蔵庫にいちごがあることを思い出した娘さんは、佳子さんに「お風呂からあがったら、いちご食べよっか」と言ってきました。「ママも食べたい？」と聞くので、「食べたいなあ」と返事をしました。

お風呂から上がり、佳子さんがドライヤーで髪を乾かしていると、先にお風呂から出た娘さんがキッチンのほうで何かしている様子。

「ママ、できたよー」と呼ばれ、行ってみると、2人分のお皿に水で洗ったいちごを3つずつ入れて、テーブルに置いて待っていてくれたそうです。

わずか3歳の子どもが、「冷蔵庫からいちごを出す」「お皿が何枚必要か考える」「いちごを2人分出して洗う」「盛り付ける」までしてくれたことに佳子さんは成長を感じ、とてもうれしくなりました。それと同時に、あれダメ、これダメと制限する親のままだったら、こんなことはしてくれなかっただろうと実感しました。

気がつけば、最近は、ほかのお子さんのように「このブロックで遊んでもいい？この絵本を読んでもいい？」と確認してくるような質問をされないなあ、と佳子さん。以前は何をするにも佳子さんの許可をとっていたのです。

現在、4歳になった娘さん。先日は、娘さんのほうから「ママ、私ね、ごはんにお味噌汁《みそしる》かけてみたら、おいしいと思うの」と言ってきたそうです。

「していい?」と親の許可を得るのではなく、「私はこれしたいの。○○だと思うから」とお母さんに自分の考えや気持ちを説明してくれるようになったのです。

それだけではありません。佳子さんが大変そうにしていると、夕食のお皿洗いを手伝ってくれたり、お腹が痛いと言ったら毛布を運んできたりするなど、自分で考えて行動してくれるようになりました。

この例は、お母さんが気づき、子どもの自律のサポートができるようになったことで子どもに自主性が身についた好例です。自律というステップができたからこそ、自主性、積極性が出たのです。

この先、学童期になると多くの親御さんが、「子どもは自分でできるはず」「主体的に行動できるはず」「ほかの子はできるのに、なんでうちの子は……」と気になり始めるものです。

でも、主体性を身につける段階の幼児期に、親が適切な心の発達のサポートをしていないのに、学童期になっただけで急に自主性が身につくわけがありません。

心の発達に合わせたサポートがあることを親が知らず、時期が来れば自然に大きくなる〝体の発達〟と一緒に考えているために「いちいち親に確認する」「主体性がない」と嘆いているのです。

自主性・積極性が育たないと、将来どうなる？

「自主性」「積極性」に対するのは、「罪悪感」です。罪悪感は文字通り「自分が悪いのかな」と罪の意識を感じてしまう状態です。

子どもの自主性のある積極的な言動に対して親の不愉快な感情を感じ取ったり、厳しくしつけられたりしすぎると、子どもは「罪悪感」を覚えます。お母さん自身の不快な感情をぶつけたり、過度なしつけをしてしまうと、子どもの罪悪感が強くなり、自発的な活動をしなくなります。

つまり、**自分のやりたいことに目的を持って行動することが妨げられるため、やり**

たいことが見つからないということにつながってしまうのです。

自主的に行動して失敗したときに、お母さんから注意や叱責をされると、子どもは失敗を恐れるようになります。

ステップ2の「恥と疑惑」にも通じますが、注意や叱責によって自分を信用できなくなり、やがて何でも親に確認をするようになります。

それだけではありません。失敗して、お父さんやお母さんなど周囲の人を失望させたり、怒られたりするのではないかという感覚を抱くようになります。この感覚が、まさに「罪悪感」です。

大人から怒られたり注意されたりしてばかりいる子どもや、ほかの子どもと比較されてばかりの子どもは、罪悪感を募らせて自信を失い、自主的な行動ができなくなってしまいます。

このまま小学校に入ると、また親は悩みます。私のところにも、小学生のママから「忘れ物が多い」「宿題をしない」「いちいち親に確認をする」「自己主張しない、主体性がない」「嘘をつく」と相談されることがとても多いのです。

お母さんが、心の成長が未発達で自分の都合に合わせて育てていると、このように後からいろいろな問題が起きてくることがあります。

たとえば、嘘。

お母さんの顔を見て、これを言ったらまずいと思うから子どもは嘘をつく、ということもありますし、学校で「誰かに消しゴムをとられた」など自分が何らかの被害者になったと自作自演の嘘をつくこともあります。

親からしてみたら「嘘をつくなんて」と思うようなことでも、それは、子どもの側からしたら精いっぱいのSOSということがあるのです。

お母さんが何でもやってくれて自律性が育っていないから、自分で用意ができない。自分で考えることをしないでお母さんに確認する。言われないと宿題ができない。怒られてからイヤイヤ勉強するので、勉強が嫌いになる……という悪循環に陥るのです。

人は思い込みでものごとを捉えがちな面があります。そのため、自分で思っている以上に、とても視野が狭いものです。大人でもそうなのですから、子どもならなおさらで、自分が見えているものがすべてなのです。

たとえば、子どもが道端に咲いている花をお母さんにあげようと思ってしゃがみ込んで摘もうとしていたら、「そんないたずらしてないで、早く歩きなさい！」とお母さんに注意をされたとします。

このように**お母さんが子どもの気持ちをわかってあげようとしないと、子どもがお母さんに喜んでもらおうという目的で自主的に行動しているのに、それを否定してしまうことになります。**

喜んでもらえることで自分もうれしいという気持ちも育まれません。**自主的にいろんなことに挑戦しようという気持ちも芽生えなくなります。**挑戦しないのですから、失敗もありません。失敗しないのですから、お母さんも子どもも、悪い意味で「安心」でしょう。

親が子どもに「早くしなさい」と急がせるのはなぜでしょうか。当然、「忙しいから」「仕事や家事に間に合わないから」などとみなさんおっしゃいます。その事実はあるにせよ、おそらく親自身が、「早くしなさい」「急がないと間に合わない」「道草してはいけません」など、親の都合で育てられた面があるのではないかと思います。

親が子どもを急がせる心理を分析すると、「子どもが親の都合に合わないことをやっている」→「親である私は困る」ということになります。

そして「私に迷惑をかけているあなたは悪い子」というメッセージを子どもに発しているることと同じなのです。道草をする経験や、時間をかけても「自分でできた！」という経験をたくさんしないことには、自主性や人のお役に立とうという気持ちなど非認知能力を子どもが得られないことがあるのに、わかっていないために急がせてしまうのです。

お母さん自身が危機を乗り越えて心がきちんと発達していたなら、子どもの気持ちを理解することができ、子どもの気持ちを優先することができるため、子どもの心の発達の芽を摘むことはなくなるのです。

「あれはやったの？」「これをしなさい」「そんなことしちゃダメ」と、過干渉になる理由は、失敗を恐れるお母さん自身の気持ちにベクトルが向いているからです。

過干渉のお母さんの中に、子どもが泣くのが怖いというお母さんもいらっしゃいます。そうすると、子どもが失敗して泣かないように先回りしてしまうのです。**自分の気持ちしか見えていない**ことがわかりますね。

また、忘れ物がないようにお母さんが学校の準備をしたり、チェックしてしまうのも同じ理由ですね。

子どもができていないことを先生から指摘されたくないからです。そのため、先生に子どものことで指摘されることがあるとキレるお母さんもいます。それは、自分が触れられたくない傷なのですね。

そうやって育てられてしまうと、子どもも失敗や間違いがあってはいけないと追い詰められてしまうので、お母さんに宿題の間違いがないか、いちいちチェックを頼んだり、お母さんが見る時間がないとなると、大泣きするなど強迫的な症状を示すようになります。

お子さんが自主的に目的を持って行動ができるようになるには、お子さんがしっかり心の発達のステップを踏んでいることが大事だということがわかりますね。そして、それをサポートできるのは、お母さんがちゃんと心の発達のステップを踏んでいることが大事なのです。

子どもが心の発達のステップを踏まないままに大人になると、非認知能力が育ちませんから、行き着く先は「指示待ち」人間です。

誰かに指示されないと動けない、何でも確認しないと不安になる、**自分で考え、問題解決することができない**大人になってしまいます。だから、**やりたいことが見つからない**という人はとても多いのです。

そして親の言う通りにしてきたのにうまくいかなくなると、一気に反撃に向かいます。親を恨みに思い親に迷惑をかける攻撃を始めるか、逃げるか、フリーズして家に引きこもるという状態です。

令和4年の内閣府調査によると、今、40歳から64歳のひきこもりの中高年は61万人を超えています。子どもが働かないといつまでも親が経済的負担を抱えることになり、やがて共倒れになってしまいます。

急がば回れという言葉は、子育てにも当てはまるのです。

何歳からでも間に合う！　自主性の育て方

子どもへの過干渉や無意識のコントロール……「ああ、もうすでにさんざんやってしまった！」と思われている方もいらっしゃるかもしれません。

何度も申し上げますが、お母さんが悪いわけではありませんし、お母さんの責任です、などと責めるつもりもまったくありません。

お母さんであるあなたが育ってきた生育歴の中で、あなた自身が危機を乗り越えられずにいたために同じところでつまずき、同じようなことが繰り返されているだけかもしれないからです。もちろん、それはお母さんのそのまたお母さんのせいでさえありません。

自分自身をよく知ることで、自分の危機を乗り越えると、お子さんの気持ちが見えるようになってくるので安心してくださいね。

そうかと言って、過干渉はいけないからと、今まで必要以上に干渉していたのに、いきなり手を離すようなことはやめましょう。

ここまでもお伝えしてきたように、お子さんがきちんと心の発達のステップを踏んでいないからできなかったのです。お母さんは、そのサポートができることが大事です。ステップ1の「基本的信頼感」があり、ステップ2の「自律性」が身につき、そして「自主性（積極性）」が身につくのです。

子どもができないことをやってあげることが大事なのではなく、「子どもが自主的に目的を持って行動するようにサポートしてあげる」という意識改革が必要です。

事例1 「最悪の親子関係だった娘が積極的に勉強を始めるようになりました！」

お子さんが「自分で考える」ことをサポートするのは、思春期になってからも同じです。

ビフォー

高校生の娘さんとの関係で悩まれていたお母さん、Hさん。娘さんは中高一貫校に入学したものの、高校生になってコロナで休校になると生活のリズムが乱れ、寝ているかスマホを見ているかの毎日に。以前から反抗期でケンカが絶えなかったところに、コロナが追い打ちをかけ、学校を行きしぶるようになり、暴言を吐くようになりました。

「なんで学校に行かないの？　行きなさいよ！」

「やりたいことなんか何もない。こんな家、早く出たい！」

そんな言い合いも日常茶飯事でした。成績も下降の一途で、「最悪の親子関係だった」とHさんは言います。そこで講座を受講することにしたのです。

アフター

それまでは娘さんとの関係にばかり目がいっていましたが、Hさん自身が、自分が子どもの頃の気持ちを振り返ってみることで少しずつ変わってきました。

Hさん自身、きょうだいの仲が悪く、常に親の顔色をうかがって、「もっと完璧でなくてはいけない」と頑張っていた子どもだったのです。

「子どもの頃の私もつらかったんだ」。初めて自分の気持ちを認めることができ、何十年もつらかった自分を大切にしたいという気持ちになったそうです。わが子や他者に対してだけでなく、自分に対しても不満や悲しみを抱えた状態から、愛をもって自分を守りたい――心からそう思えたのです。

Hさんが自分自身をわかってあげることができた頃から、娘さんの態度が明らかによくなってきました。まず、1カ月ほどすると、頼まなくても家事を手伝ってくれるようになりました。

「こんな家、出たい」とまで言っていたのに、「今は家にいたい」と言ってくれるように。「家にいたいと言ってくれる、それだけで十分」――Hさんがそんな気持ちになったのには理由があります。親の言う通りに従ってきたお姉さんがある日、突然家を出て二十数年も音信不通になってしまったのです。それ以来、家族の中では姉はいなかったかのような存在になっていました。

Hさんが、自分自身の心の発達のステップを踏んで危機を乗り越え心に変化が出た頃、それまではHさんに心を開かずシャッターを下ろし、口を開けばケンカになってしまっていた娘さんが自分の気持ちをいろいろ話してくれるようになりました。

やがて自分で自主的に将来のことを考えられるようになった娘さん。なんと、「塾に行かせてほしい」と自分から言い出し、希望の進学先を見つけて猛勉強を始め、成績はV字回復。今では娘さんと話し始めると何時間でも話が弾むそうです。

「お母さんが聞いてくれる」「私のことをわかってくれる」と思えれば、子どもは心を開き、話をするようになります。

その中で子どもの「やる気」も芽生えてきます。

子どもの内的モチベーションに火をつけてあげるためには、子どもに自分自身の輝く未来を見せてあげることが大事です。お母さんの希望する未来ではないのです。そのためには、ちゃんと話を聞いてあげて、子どもの本当の希望を引き出してあげられるお母さんとなることがとても重要です。

よく、「傾聴」が大切だと言われますが、正しい傾聴のスキルを知らずに「子どもの話に耳を傾けること」と思っている方が多いようです。スキルはもちろん必要なのですが、大切なのはスキルではなく、やはり、ここでも「お母さんの在り方」なのです。傾聴の聴くという字は耳＋目・心の字の塊でできています。ただ〝耳〟で聞くのではなく、お子さんをありのまま受け止め、よく見て〝心〟で聴くことができるお母さんであれば最強です。

お母さんの心がきちんと発達していれば、子どもをよく見ることができ、フラットな状態で受け止めることができます。そうすれば「勉強しなさい」「将来のことを考えなさい」などと言わなくても、子どもは自信をもって、自主的に自分の道を見つけていくことができるでしょう。

幼児期後期の「困った！」は心理学で問題解決

早期教育の問題

幼い子どもに早期教育をさせようとする親御さんが増えています。幼稚園から計算問題をやっているよそのお子さんを見ると、焦る気持ちはよくわかります。人より早く勉強を始めたほうが子どもも後々ラクになるから、と考える方も多いようです。

でも、子どもの心の発達段階を知らないと、せっかく時間とお金と労力を使って始めた早期教育も意味のないものどころか、害になってしまうこともあるのです。

早期教育の中には算数の問題を学年を超えてどんどん先に進めていく先取り学習もあります。

繰り返し教えることで、子どもができるようになったように親には見えているかもしれませんが、それは親の喜びをいっとき満足させてくれるだけです。

なぜなら、**心理学的に論理的な思考能力がつくのは小学校の高学年くらいから**ということがわかっているからです。つまり、時間の概念や距離などはよほどの天才でない限り、低学年や中学年ではまだ理解できないのです。

心の発達がわからないと、目の前の問題を子どもが解くことだけに必死になってしまい、応用力が身につく大事な発達の時間を奪ってしまいます。この時期に身につけたいのは、問題を解くような勉強ではなくて、子どもたち同士の関わりや自然と触れ合うことで習得できる非認知能力です。

私の主宰する講座の受講生のお母さんで、お子さんが小さいときから算数の先取り学習をしていた方がいました。小学校3年生で中学校の問題が解けて表彰もされていために、「うちの子は算数が得意だ」と信じて疑わなかったそうです。
ところが、そのお子さんが中学受験塾に入った途端、算数ができなくて愕然《がくぜん》としたお母さん。計算問題はできても、算数の応用問題が実はまったくできなかったのです。子どもの発達を知っていたら、あの○○式の学習法はさせなかったのに、と悔やんでいました。

中学受験では思考力を問われる問題がたくさん出てきます。いわゆる「非認知能力」が備わっていないと解けない問題ばかりです。小さい頃に算数の繰り返し計算ばかりやっていたお子さんは、応用で必ずつまずいてしまいます。

論理的な思考能力をつけるためには、計算問題をひたすら繰り返し解かせることではなく、いろいろな体験をさせることが重要です。

その大事な時期に理解ができていない問題を繰り返し行わせ、ただ問題に慣れさせることだけをしていたのでは、その時期に本当に必要な経験を積むことができません。計算問題をしている暇があったら、きょうだいや友だちと思いっきり遊んだり、家族で楽しい時間を共有したりすることのほうが、ずっとずっと大切です。人との関わりの中で、たっぷりと子どもの将来につながるような豊かな力となる非認知能力を身につけておきましょう。

中学受験では、小学4年生から塾に通うのが定番のようになっていますが、心の発達を考えれば、5年生からで十分なのではないかと思っています。

ちなみに、うちの息子と娘は、ありがたいことに私立中学の特待生（入学金も学費もいらない）になりましたが、中学受験塾には6年生から入りました。それでも公立の最難関校も合格しましたし、御三家と言われる難関校の私立の特待生にもなりました。適切な時期に学んだことが吸収力を高めたのだと思っています。

この話は、わが子の自慢をしたいわけではなく、子どもの心の発達を知って適切に関われば、どんな子の目の前にも、たくさんの可能性が広がっている。それをぜひみなさんに知っておいていただきたいのです。

中学受験は、親子の受験と言われることもあり、親が勉強を見なくてはいけないと思っている人も多いようです。餅は餅屋と言います。勉強は専門家に任せていればいいのではないでしょうか。

お母さんの専門は子どもの心を育てることです。あとは子どもの健康管理ですね。私自身も勉強は得意ではありませんし、夫も中学受験の経験はなく、そもそも勉強は親が見るという考えが一切なかったので、夫婦とも子どもの勉強を見たことは一度もありません。

子どもの勉強に関しては、子どもたちには小さい頃からそろばんを習わせていました。計算の基礎ができていることは、すごく役に立ちましたね。それにそろばんはクリエイティブな能力である右脳を育てるためにもいいようです。後は、兄弟や近所の子ども同士でよく遊んでいましたので、それで非認知能力がついたのかもしれません。

園に「行きたくない」と言う

最近、子どもの幼稚園や保育園の行きしぶりに困るという声もよく聞かれるようになりました。

お母さんから離れないというのは、3歳前頃までは、母子分離不安と言って心の発達上では自然なことです。しかし、それ以上の年齢のお子さんの場合は注意が必要です。

先ほどもお伝えしたように、3歳頃になると自主性が育ち、積極的に大人や子どもに関わるようになります。言ってみれば人間関係が始まる年齢です。始まったばかりですからうまくいくこと、うまくいかないことがあります。

これも発達に大事な経験ですね。そして幼稚園や保育園に**「行きたくない」と自己主張をするのも自主性のひとつです。**自己主張する子に困ってしまうお母さんは、ここが未発達なのかもしれません。

お母さん自身が小さい頃にお母さんの言うことを聞くことが当たり前だった場合、子どもの自主性を受け入れることができず、お子さんの気持ちを受け入れることなく、「行きなさい」と無理やり親の都合を押し付けてしまおうとすることがあるということです。子どもが自己主張すると、お母さんにとっては、わがままと映ることがあるかもしれませんが、何か子どもなりの理由があるのかもしれませんし、子どもが甘えることを受け止めてあげることも大切です。

お母さんが気持ちを受け止めてくれると、「自分の気持ちを伝えてもいいんだ」とお母さんの愛情を確認することができ、不安な危機を脱して安心して外に出て行くことができるようになります。

準備が遅い・ダラダラしている

幼稚園や保育園に行く準備が遅いということも、困ったこととしてよく相談される内容です。特に、働いているお母さんにしてみれば、自分の支度もしないといけないし、時間は迫ってくるしで、イライラしてくることも多いようです。

そもそもの問題として、朝起きるのが遅い（親も子も）というのはないでしょうか？朝起きるのが遅いのは、夜寝るのが遅いからということが考えられます。

子どもが早く寝ないからという声も聞きますが、聞くと、子どもだけを寝かそうとしているということもよくあります。子どもが小さいうちは、一緒に寝てあげると子どもは早く寝ます。お母さんとしては、子どもにはさっさと寝てもらって、自分はその後、仕事や家事や自分の趣味や勉強をしたいということもあるかもしれません。

でもね、**子どもは一日頑張ってきたのだから、お母さんと一緒にいたいのです。それに夜って怖いのです。お母さんと一緒にいることで安心できますし、スキンシップも取れますから、心の発達にこんなにいいことはないのです。**

お母さんがそのまま寝てしまってもいいではないですか。その分、朝早く起きれば使える時間は一緒です。食器の片付けや洗濯などはパパにやってもらいましょう。

早く起きるけど、ごはんを食べるのが遅いとか、テレビを見ていて準備が遅いということであれば、まず、**子どもに時間の概念がない**ことを知っておきましょう。

時計を見ていたらわかるじゃない、と言うお母さんも多いようですが、たとえば「9時までに家を出る」ということはわかっても、逆算して準備をするということはまだこの時期の子どもには難しいのです。

まずは、お子さんをよく見てあげてください。ごはんを食べるのに時間がかかっているなら、それはまだちゃんと目覚めていないために、お腹がすいていないからかもしれません。だったら、お腹がすくまで何か好きなことをしていてもいいではないですか。そして、最初のうちは、一緒に食べる、一緒に準備をすることで「できたね」を増やしてあげましょう。

きちんと心の発達のステップを踏むことで、自主的に目的を持って行動することができるようになります。それをしっかり育ててあげましょう。

ステップ4

頑張って挑戦する心

「勤勉性」を育て〝有能感〟を獲得する

有能感とは

自己有能感は本来、6～12歳頃の小学校入学から卒業までの学童期に獲得されるものです。有能感とは、文字通り「自分には能力がある」と感じられる気持ちのことです。「僕は算数が得意」「私は絵が得意」と思える気持ちのことになります。「私は○○ができる！」という有能感を育むことよって、新しいことに挑戦してみようという気持ちを持つことができます。

ちょっと間違えて欲しくないのは、「あの子よりできるから自分のほうがすごい」というように、**人と比較して自分のほうができると思う「優越感」とは違う**ということです。間違えやすいところなので、後で説明しますね。

学童期は勉強をはじめとして、さまざまな知識や社会性を習得する時期になります。言語能力や認識力も高まります。集団での規則を理解して守ることや、善悪についての理解と判断もでき、子ども同士の遊びなどでも自発的に自分たちでルールを作ったり、それをみんなで守れるようになりますね。

また、同年代の友だちとの関わりの中でお互いを比較したり、人から評価されることも増えてきますから、自分の得意なことや不得意なこともだんだんわかってきます。自分のことを客観的に捉えられるようになるためです。

この時期の子どもは自発的に課題に取り組み、努力や工夫をして自分の目的を達成することで自分の能力に自信を持ち、次の課題に挑戦していく喜びを見いだす「勤勉性」を獲得します。

もちろん、いくら努力や工夫をしても結果が出ず、悔しい思いをしたり、自信をなくしたりすることもあるでしょう。個人差も大きく見られる時期であるため、人と比較して「劣等感」を持つこともあります。

課題に取り組むからこそ、失敗したり、苦手なことでつまずいたり、うまくいかないことも増えてきます。そんなとき、家族からのサポートや周囲の人から励ましやねぎらいを受けることによって再度チャレンジし、課題をうまく成し遂げることができると勤勉性が獲得できます。

一方で、**できないことを怒られたり、否定されたり、誰の役にも立てないと思うと、子どもは「自分は何をしても、できない子なんだ」と自信をなくし、「劣等感」を抱いてしまいます。**


子どもが課題に失敗して「劣等感」を持つことは悪いことではありません。劣等感を受け入れることはとても大事なことなのです。失敗と成功を繰り返し、時に劣等感を感じながら勤勉性が上回る経験がこの時期を実りあるものにします。

ですから、子どもが「失敗してもいいんだ」と思える気持ちになることが大事です。失敗を恐れると課題に挑戦しなくなります。挑戦しないことには成功もありません。


しかし、お母さん自身がこの危機を乗り越えられず、劣等感を持っていた場合は注意が必要です。子どもの劣等感も受け入れられず、逆に無意識に子どもに劣等感を植え付けてしまう関わりをしてしまう危険性があります。

たとえば、お母さんが劣等感を強く持っていると、自己肯定感も低いため、子どもに自己肯定感を高く持ってほしいという願いが強いあまり、それを優越感を持たせることと勘違いしている場合も多く見受けられます。

優越感とは、友だちや仲間よりも自分のほうが勉強ができる、スポーツができる、能力が高いんだと他者より優れていると思うことです。

いくら自分の子がほかの子よりも優れていなければならないと親が望んでも、子どもは、自分のことを客観的に捉え、自分の立ち位置もわかっています。すると、極端に言えば、自分よりできる子を蹴落とさなければいけません。

あなたの周りにも**マウントを取る**ような人がいませんか？　これは**劣等感の裏返し**です。そして、そうなると周りに友だちもできません。この時期にとても大事なのが周りの友だちとどれだけ多く関わり、そこから学び取るかということですから、大事な心の発達を得ることが難しくなってしまいます。

そして、優越感を持たせると、常に誰かより上にいなければならず、それは難しいことなので、ずーっと劣等感に苦しめられることになります。

自己肯定感が高い人は、自分と他人を比べて評価はしません。自分ができないことも認められます。つまり、ありのままの自分を受け入れることができるのです。

19ページの表を見ると、「勤勉性」が育まれることで自己有能感が獲得されるとあります。勤勉性と自己有能感の関係が、ちょっとピンと来ないかもしれませんね。

では、こう言い換えたらどうでしょう？　勤勉性＝一生懸命に勉強する子。

どのお母さんも、わが子が一生懸命に勉強する子になったら、うれしいですよね。

たとえば、算数を一生懸命に勉強すると、算数のテストでいい点も取れて、もっと難しい勉強に挑戦したくなります。

有能感は、「私は○○ができる！」と思えることですから、一生懸命に勉強することで算数ができて（勤勉性）、もっと難しい問題にもチャレンジしたい！　と、自発的に思える（有能感）ことです。

あくまで、子どもが自発的に、です。「これができたから次は難しい問題にチャレンジね！」とお母さんがカリキュラムに乗せて無理やりさせることではありません。

有能感が育たないと、将来どうなる？

親が励ましたり、認めてあげたりすることをせず、「なんでこんなこともできないの！」という叱責や、ダメ出しをしてしまったり、失敗させないように先回りをしていたら、子どもはどうなるでしょうか。

家族や周りの人間から認められなかったり、否定されたりする経験が続くと、「やっても意味がない」「チャレンジをしてもムダだ」という「劣等感」を抱くことになります。

親が子どものやりたいことよりも失敗をさせないことを優先していると、やはり勤勉性を達成できないため有能感は獲得できません。

勤勉性を達成できないまま学童期を過ぎてしまうと、劣等感の塊《かたまり》になり、やがてやる気のない大人、自信のない大人になっていきます。

何度も繰り返しますが、学童期には、劣等感を抱きながらも、それを上回る「勤勉性」の経験を積み重ねることが大事なのです。

要は、「頑張ったら、できた！」という経験。そんな経験をできるだけたくさん積ませてあげたいですね。

そして、**有能感を獲得できると、自己効力感も高くなります**。自己効力感とは、「自分ならできる」と計画を実行に移し、困難にぶつかったとしても「自分なら乗り越えることができる」と自分を信じて最後までやりきる力です。非認知能力としてとても重要な力となります。

また、**有能感は自己有用感も高めます**。自己有用感とは、自分は人の役に立っている、人から喜ばれる、人から認められる人間であるという、他者の存在があることで生まれる、自分の能力に対する自信です。周りの大人や友だちとの関わり合いを通じて集団の一員として社会性の基礎を身につけるということがこの時期に重要なことになります。

私の三男は、小学校6年生のときに中学受験塾に入りました。

それまでろくに勉強らしい勉強をしていなかったため、塾の勉強が新鮮で楽しかったのでしょう（中学受験では小学校では学ばない計算方法などを使います）。のめり込むように勉強していました。

塾で教わったことを毎回、私に教えようとしてくれます。「ママには難しくてよくわからないなあ」と言うと、「大丈夫だよ！　ママならきっとできるよ！」と励ましてくれて（笑）、「わかった！」と言うと、それはそれは喜んでくれました。

自分の知識を教えることで喜んでくれる、役に立てると思えるから、また、一生懸命に勉強をします。

さらに、息子が通っていた塾では、成績順でクラスが上下しました。入塾時は下のクラスだったのに、そうやって勉強を頑張るので、何回目かの進級テストで一足飛びに上位クラスに上がることになりました。それが決まったとき、塾の先生は、息子を教室の前に出して、こうおっしゃったそうです。

「山下くんは上位クラスに行くことが決まったよ。一生懸命に勉強すれば、みんな上位クラスに上がれるんだよ」

6年生で下位クラスにいると、「自分はできない子なんだ」「どうせ希望の中学になんか行けない」と思ってしまっているお子さんは多くいます。なぜなら、ママたちが

「上位クラスに行けない子はダメな子」「このクラスにいるくらいなら転塾させる」と言って、お尻を叩くからです。

でも、同じクラスの息子が上位クラスに行けるわけですから、ほかのお子さんたちにも希望が見えたというわけです。

これは心理学的にいうと、ほかのお子さんたちの内的モチベーションに火をつけた状態です。

「いいな、僕もああなりたい」から、勉強を頑張ろうと思います。今まではお母さんから「勉強しなさい」と言われて仕方なくやっていた状態だったかもしれません。これは外的モチベーションと言って、いっときはやるけれど、それでは長続きしないのです。

「先生もクラスのみんなも、すごく喜んでくれた」と帰ってきてから興奮したように息子は言っていました。そして先生が「もう二度とこのクラスに戻ってきちゃダメだぞ！」と言ったからと、「僕、頑張って勉強しなきゃ！」と言うのです。頑張って勉強することで人が喜んでくれた、人のお役に立てたと思うと、ますます次の目標に向かって頑張ります。

どうでしょう。勤勉性を獲得することで有能感を獲得し、自己効力感や自己有用感という非認知能力を獲得できるというのが、つながったのではないでしょうか？

自分の活躍がみんなの役に立つということを学ぶということは、大人になって社会で活躍することために大事な社会性の基礎を学んでいくということなのです。


もちろん勤勉性は、勉強のことだけではありません。私自身は勉強もしなかったし、できると感じたこともありませんが、ひとつだけ、この時期に頑張ったことがあります。

それは水泳です。夏休みに毎日一日中練習をして大会に出ました。個人で賞をもらったかどうかはあまり覚えていないのですが、先生が「すごいタイムが出たよ！」と喜んでいらした姿や、私の小学校が団体優勝したことは、すごくうれしかったのでよく覚えています。今となっては、先生方はよくあんなに毎日頑張ってくださったと本当に頭が下がります。


「すでに自信を持てないまま、学童期を過ぎてしまった」

「何をするにも、やる気がないんです……」

でも、大丈夫です。お子さんが学童期の場合はもちろん、何歳からでもやり直せます。
次に、お子さんの不登校をきっかけに私の講座を受講し、自分がお子さんの「やりたい」という気持ちを無視していたために、自己有能感を獲得する貴重なチャンスを奪ってしまったことにお母さんが気づいて変わったら、お子さんが元気に学校に行くようになったケースを紹介します。

「笑顔で登校・登園するようになって夢みたい」

ビフォー

ご主人の転勤のため引っ越したことをきっかけに、子どもたちが小学校と保育園を休むようになったと言う田中ゆか里さん。ゆか里さん自身も仕事に行けなくなり、それを子どもたちのせいにしてイライラしていました。

ご主人は仕事が忙しいため、ゆか里さん一人が子どものことをしっかり見ていかなくてはと必死だったのです。

子どもが泣いていても無理やり学校に連れて行こうとしたこともあり、まったく笑えない日常の連続。

「このままでは家庭崩壊してしまう。毎日怒ってばかりの自分がイヤだ」

「家族で笑いながら過ごしたい。でも、何からやっていいかわからない」

ゆか里さんは自己嫌悪に陥り、自分を責め続け、子育てに自信が持てなくなって講座を受講されました。

アフター

講座を受講してから、今まで自分がどれだけ子どものやる気の芽を摘んでいたのか気づいたというゆか里さん。それまでは、長男が自ら何かをやりたい、と言っても、忙しくて余裕がないため、全部ゆか里さん自身がやっていました。

たとえば「自分でオムライスをつくりたい」と言ってきても、食事は自分がつくるほうが早く、もう献立を決めていたので「ダメ」と断ってしまっていたと言います。

これが**せっかく芽生えた子どもの自律性や自主性を奪い、そして有能感も人の役に立てるという自己有用感を獲得するチャンスも奪っていたと気づいた**のです。それからは、「今、これがしたい」という子どもの要望に、その場で応えるようにしました。

食事のお手伝いも、上手にできてもできなくても、やってくれたことを認めるようにしました。作ってくれたオムライスを食べて「おいしい」と言うと、お子さんもとてもうれしそうだったそうです。忙しくてすぐに対応できないときも、すぐにダメということではなく、一度気持ちを受け止めることで、子どもは「わかってもらえた」と安心します。

また、子どもが「学校に行きたくない」などと気持ちを訴えてきたときは、気持ちを受け止めて、子どもの気持ちを代弁するようにしました。

すぐにすべてがうまくいったわけではありません。半年間、変わりたいという思いで自分に向き合い、失敗したり苦悩も感じながら、たくさんの気づきを行動に移し、同じ講座仲間からも励まされることで、あきらめずに自分と向き合い続けると、やがてお子さんにも向き合えるようになっていきました。

そうすると、ゆか里さん自身はもちろん、家族も変わりました。受講から半年経った今では、お子さんは毎日小学校と保育園に行けるようになっています。

そして、夫婦関係にも変化が起こりました。以前は、ご主人に認めてもらいたいという気持ちが強かったゆか里さんでしたが、自分に自信がついてきたことで、今ではご主人への感謝の気持ちが増し、お子さんのことを相談したり、頼ったりできるようになったそうです。

最後に、ゆか里さんからいただいたメールの文章をそのまま掲載します。

「子どもたちには、楽しく愛がある子ども時代を過ごしてほしいと心から願っています。

エミリさん（著者）の体験談でいちばん印象に残っているのが、受験当日の朝に娘さんが時間をかけて一生懸命髪の毛を整えている姿を見て、『気持ちよく送り出してあげたい』という気持ちから、何も口出しせずに見守っていたというお話です。

私も子どもたちにとって、そんな太陽のような母でありたいと強く思います。

子どもたちにも、子どもたちなりの一度きりの人生を楽しんでほしいです。

半年前は自信もなくて怒ってばかりの自分のことが大嫌いでした。

今は未来に向けて一歩ずつ前進していこうとしている自分が好きです。」

ゆか里さんもご自分の生育歴からくる自身の問題に気づき、課題を達成することができたからお子さんも変化したのですね。自分の痛みがなかったことになっていると、子どもに寄り添うということは、親が我慢して子どもの言うことを聞くことだと思ったりします。でも、そうすると、そのうち親が堪忍袋の緒が切れる状態になります。ドッカーンと爆発したら、元も子もないですよね。

今、不登校のお子さんに対して先生からも学校を休ませて、お母さんが寄り添ってください、と言われることが多いようです。でも、学校を休ませることで、結局、不登校が長引いてしまうこともあるのです。不登校の理由は様々です。ただ休ませるのではなく、その理由は解決してあげて、エネルギーが切れた子を充電させてあげて学校に戻してほしいのです。

学校に行かせなくていいとなったら、お母さんも気持ちがラクになります。行かせなきゃと思っていたときはつらかったわけですから、それは人間はラクなほうを選びます。

寄り添うって、お母さんがただそばにいるだけではなくて、お子さんの気持ちにしっかり寄り添えることが大事なんです。行けない理由を理解してあげられたら、お子さんが学校に行こうと思ったときに、そっと背中を押してあげられます。
でも、お子さんが学校に行くことで、また不登校の苦しみが戻ってくると思ったら、お母さんがブレーキになってしまうこともあるのです。

先日も中学1年生から不登校で、現在は高校3年生のお子さんのお母さんが、高校卒業が迫ってきて、今後のことを考えると不安ということで相談に来られました。もう学校に行かない子どもを何とかしたいという相談ではないのです。6年間の不登校で、「やっと行かせなくていいと思えるようになって気持ちがラクになったんです」とおっしゃいます。

お母さんの気持ちがラクになって安心したのもつかの間、学校が終わってしまったらどうしたらいいのかと気づかれたんですね。問題に目を向けないでなかったことにしていても問題を先送りしているだけなのです。

ご自分の気持ちよりも、お子さんの気持ちに目を向けられるようにならないことには、いつまで経っても、お母さん自身の不安の解消を求めることに目が向きます。

これって、問題に向き合うことをしないで、自分の気持ちをラクに持って行かせるおかしなポジティブシンキングなんです。だから、いつまで経っても問題は解決しないんですよね。

お母さん自身が自分の課題に気づいて変わることで、お子さんが学校に行けない理由をきちんとわかってあげることができれば、お子さんは社会に出て行けるようになるのにと思うと、本当に残念です。

この時期に子どもたち同士で関わることが心の成長にとても大事だからです。

子どもは、自分の気持ちが尊重され、勤勉性が身につくと自己有能感が育ち、自信が持てるようになります。

そしてお母さんが変わると、お子さんが変わるだけでなく、夫との関係もよくなり、前よりも仲良くなったという報告もたくさんいただいています。

学校の「成績」「評価」が不安をもたらす

それまではお子さんのことを励まし、認め、受け止めて育ててきたお母さんたちも、学童期に入るとつまずいてしまうポイント。それが、この「自己有能感」です。

なぜかと言うと、小学校に入った途端、そこに「成績」「評価」が出てくるからです。

講座を受講されるお母さんの中でも、小学校に入学してからイライラが増すようになったことをきっかけに受講することにしたというお母さんもよくいらっしゃいました。

それまで親と子という狭い関係の中で信頼関係を築いてきたのに、学校という「他者からの評価」を受ける場所に行き、同年代の多くの子どもたちと比較され、できる、できないが数字などの目に見える形になった途端、「うちの子は（ほかの子と比べて）できていないのではないか」といった不安に襲われるのです。

その背景の多くには、お母さん自身が評価を求められて育てられた、ということがあります。だから、自分の子どもが「評価される立場」になった途端、お母さん自身の存在価値が問われているような錯覚を起こしてしまうのでしょう。

振り返ってみてください。お子さんがまだ小さい頃は、歩けるようになっただけでも嬉しかったですよね。「あの子より歩くのが遅い！」「あなた全然できていないじゃない」なんて言わなかったはずです。

それが学童期になり、他者からの評価にさらされると、豹変《ひょうへん》してしまうのですね。お子さんが一生懸命やっているにもかかわらず、結果として表れていないと、「ダメじゃない！」「できていないじゃない！」となってしまう。そんなことを言われたら、子どもの自己有能感が育つはずがありません。

何歳からでも間に合う！　自己有能感の育て方

過干渉がいけないと気づいて小学校に入ったとたん、突き放してしまうケースもよくあります。周りの子どもたちと比べてわが子が遅れているのを見ると焦ってしまい、

「これくらい自分でやりなさい」などといきなり言ってしまいがちなのです。今までサポートしてきたのに、それではあんまりです。

自転車が乗れるようになったときのことを思い出してください。

自転車は、いきなり一人で乗れるようになるわけではありません。補助輪付きで練習した後に、補助輪を外し、後ろから大人が押さえながら走れるようになり、やがて一人で乗れるようになっていきますよね。それと同じで、発達段階に合わせて少しずつお母さんが手伝いながら自分でできるようになっていくものなのです。

繰り返しになりますが、過干渉だったのを反省して急に子どもにやらせるのは、自転車の補助輪をいきなり外して「一人で漕《こ》ぎなさい」と言っているのと同じです。

子どもからすると、今までは全部やってくれていたのに、いきなり突き放されて、できなければできないで怒られる。「お母さん、どうしちゃったの？」という状態です。子どもが一人でやれるようになるのは、「安心しているから」です。

最近、中学受験に成功した子どもの中にも、自己効力感が得られていないお子さんが見られます。お母さん（あるいはお父さん）と二人三脚で中学受験を乗り越えて見事に合格、希望の学校に入学できても、実はお子さん自身が達成感、有能感を得ていないケースです。

合格という結果はあっても、それまでの過程で「まだできていない」「まだ（希望の学校に入るには）足りない」と言われ続けてやらされていたわけで、自発的に勉強をしていたわけではないからです。

「足りない」というような直接的な言葉がけはしていなかったとしても、親はこのような無言のメッセージを子どもに与え続けてしまうことがあるのですね。

親からの承認を得るために頑張ってきたお子さんに多く見られるケースです。

このようなケースも、お母さん自身が〝承認欲求が強かった（人から認められるために頑張っていた）〟ことに気づくことから変わり始めます。

お母さん自身の育てられ方、考え方の癖が、そのままお子さんにも投影されているのです。認めたくないですし、目をそらしたいことかもしれませんが、まずはそれに向き合うことが大切です。

じゃあ、どうすればいいの？　気づいただけでいいの？　という声が聞こえてきそうですが、お母さんが気づくことで、行動が変わります。

よく言われることですが、子どもは親の所有物ではありません。まずはご自身とお子さんを分けて考えることが大切です。

お母さんが気づくと、どう行動が変わるかと言うと、適切な応答ができるようになります。要は、お子さんとちゃんとやりとりできるようになるのです。

〝ちゃんとしたやりとり〟と言われてもピンとこないと思いますから、〝ちゃんとしていないやりとり〟をご紹介しましょう（笑）。

たとえば、「今度テストで80点以上とったらゲームを買ってあげる」など、物による報酬によって対応してしまうケース。これをついやってしまいがちなのは、実は親がとてもラクだからなのです。

もうひとつは、罰を与えることによって対応してしまうケース。

たとえば、「一日中、スマホばかり見ているから受験が終わるまでは使わせない（あるいは極端な時間制限をする）」などといったようなことです。

どちらも一見、事態は丸く収まっているように見えますが、実は子ども自身の本当の欲求が見えてきません。そこにあるのは、親が精神的な健康を得るために与えた報酬や罰という、一方的な親からの押し付けです。親子間での話し合いややりとりが何も見えてこないのです。

〝ちゃんとしたやりとり〟というのは、親の不安を押しつけるのではなく、子どもの気持ちに寄り添って話を聴いてあげることです。それだけで「自分からゲームやスマホのルールを決めて勉強するようになった」という報告をたくさんいただいています。

この〝ちゃんとしたやりとり〟が、意外とできていないことが多いのです。面倒で手間がかかると思うかもしれませんが、このちょっとした手間の積み重ねによって、むしろ子育てはラクになります。その上、お子さんの自己有能感も育っていく。今からでも遅くありません。一つひとつに向き合ってください。これが遠回りのようで実は近道なのです。

学童期の「困った！」は心理学で問題解決

「やればできる」と励ましていませんか

先ほど、「やればできる！」が自己効力感だと言いました。

こうお話しすると、親御さんはすかさずストレートに「あなたはやればできる子なんだから」と言ったりします。実はこれ、お子さんに逆のメッセージを伝えている、と言ったら驚かれるでしょうか。

たとえば、「あなたは本当は頭がいいんだから、やればできるのよ」とお母さんがお子さんを励ますつもりで言ったとしましょう。

勉強をやっているのにできないお子さんなら、勉強を頑張っていることそのものを否定されたことになります。頑張っていることを認めてあげなくてはいけないのに、頑張っていることすら認めてもらえないことになってしまいます。

親は励ましているようでいて、「あなたはやればできるのに、今のままでは全然勉強量が足りていないからできないのよ」というメッセージを伝えていることになり、お子さんをつぶしています。

言われた子どもの気持ちを代弁すれば、「こんなに頑張っていてもできないんだから、僕（私）は頭が悪いんです」、でしょう。これではお子さんの劣等感が増すだけです。言っているお母さんにしてみれば、お子さんが頑張っている勉強量と、自分が望んでいる勉強量が違うわけです。あくまでも親の基準で「足りていない」「私が望んだ成績になっていない」ということになります。

これがお子さんにとって、どれだけ自分を否定されてしまう残酷なことか、わかるでしょうか。真面目なお子さんほど苦しんでしまうことになります。

勉強のやる気が出ない

「勉強のやる気がない」というご相談もいただきます。

でも、大人の私たちでさえ四六時中やる気があるほうが珍しいですよね。ですから、「今はやる気がないんだね」でＯＫです（笑）。やる気があるときに頑張ればいいのです。

一方で、やる気がないと勉強がはかどらないわけでもありません。勉強を、仕事や家事に置き換えて考えてみてください。あなたは仕事や家事に対して、毎日、いつでもやる気はありますか？　ＹＥＳと答えられる人のほうが少ないかもしれませんよね。

やらなきゃいけないからやっている面も大きいでしょうし、もっと言えば、やる気がなくても、やっているうちにやりたくなってくる場合もあります。勉強も同じです。仕方ないからやっていたら、やっているうちに楽しくなってきた、というものです。

「うちの子、やる気がないんです」とお母さん方はおっしゃいますが、やる気がないときばかり目についているのかもしれません。

そうです、やる気がない日もあります。でも、やらなくちゃいけないときはあるし、お母さんだってそんな感じで仕事や家事をしているときもあるよ。そんな感じでいいのです。

「やる気」ありきではないということを知っておくだけでも、お母さんはラクになるかもしれませんし、見守ってあげることができるようになりますよ。

「宿題をしてから遊ぶ」は心理学的に正しい？

もうひとつ、勉強がらみでよく言われるのが、「学校から帰ったら、まずは宿題。遊ぶのはそれから」というもの。

その理由は、先に遊んでしまうと気持ちが緩んで、その後で勉強する気になれなくなってしまうからだと言われます。だから「宿題」↓「遊び」、なんですね。お楽しみは後にとっておく、というわけです。

実はこれ、非認知能力を高めるためにはNGなのです。

学童期のうちは、学校から帰ったら野放しでいいです。遊びに行きたいなら遊びに行かせましょう。これが一番です。

友だちとの交流の中でいろいろな経験をすることが大事だと何度もお伝えしていますが、非認知能力は友だちとの交流を通して育まれます。学校という枠を外れたところで、自発的にルールを決めて遊ぶ。男の子なら、秘密基地を作るためにせっせとガラクタを運んだりしますし、女の子は、ごっこ遊びが大好きです。お人形を使ったり、おままごとをしたり、やるべきことはたくさんあります！

すぐに日も落ちてしまうし、遊ぶ時間がなくなってしまいますから、家に帰って宿題なんてやっている暇はないのです（笑）。

ですから、宿題より先に遊びましょう。遊ぶことで、いろいろな友だちとの関わりの中で脳が活性化していきます。その後で宿題をやれば、実はこれがいちばん効率がいいのです。

外遊びをせずにゲームをしてしまう子も、ゲームをしてから宿題でいいのです。脳が活性化していないときにだらだら宿題をやらせるよりも、ゲームをやってから、「さあ、勉強しよう」と切り替えましょう。

親子ともども、怒ることも怒られることもなくなり、ストレスなく過ごせますよ。

それに私たちの体には日内変動（サーカディアンリズム）というものがあります。日中は交感神経が優位で興奮状態にあったものが、子どもが学校から帰ってくる夕方頃から少しずつ副交感神経が優位に切り替わる時間帯で、リラックスモードになるときです。当然、頭だってよく働きません。

このタイミングで宿題をさせることになるのです。しかも、学校から帰って、子どもでも疲れているときに。

たとえば、私たち大人が仕事から帰宅してホッとしたいときに、「さあ、もう一度家でも仕事しなさい！」と言われて、すぐやる気になりますか？　まずはゆっくりしたいですよね。それなのに、子どもにはそれを求めてしまうのは酷ですよね？

子どもが帰ってきたら、「学校で頑張ってきたんだね。思いっきり遊んでおいで！」ではなくて、「宿題しなさい」。これは、脳の働きからしても効率が悪いのです。

ゲームの問題

子どものゲームについても、悩んでいるお母さんが多いです。

ゲームは一度与えてしまうと、約束した時間を過ぎてもやめられない、注意をすると子どもが怒る、こっそり夜中に起きてゲームをやり、朝起きられない、お母さんが取り上げると暴言を吐かれる、そこでケンカが始まる……など悪循環が起きてきます。

ゲームというものは、やめられない魅力があるということをわかった上で渡してください。

これは、脳が興奮する神経伝達物質に関係しています。ギャンブラーと同じ快楽が脳に起きているのです。だから、お母さんがどんなに言っても聞く耳を持ちません。

ましてや攻撃性の高いゲームであれば、ゲームによって攻撃性も増すため、家で暴言を吐いたり、ひどい場合には壁に穴が開いたりということも起こり得ます。

お子さんが思春期だから、反抗期だからとそのまま見過ごすと、お子さんの中でくすぶったものが消化されず、どんどん悪化してしまう場合があります。


今はゲームも友だちとの重要なコミュニケーションツールです。ゲームそのものを禁止にすることはないと思っていますし、禁止することはできないでしょう。

ただ、同じゲームをする子でも、のめり込む子と、そうでない子がいます。それにはどんな違いがあるのでしょうか。

先ほども少し触れましたが、人には誰でも自分を認められたいという欲求（承認欲求）があります。

自己肯定感が低い子、コミュニケーション能力が低く、友だちとの関係をうまく作れない子、自己主張ができない子がゲームの中で攻撃性を発散させたり、自分の存在意義を見いだしたりできると、脳内が快楽で満たされるため、ますますのめり込んでいきます。

やはりここでも、できれば小さい頃から子どもの自己主張を受け入れてあげること、コミュニケーション能力を高めてあげること、子どもにとっていちばん大事な家庭環境を整えてあげることが大事です。

間違ったほめ方をしていませんか

子どもの自己肯定感や非認知能力を高めようとして、親御さんが誤解されていることが多いのが、「間違ったほめ方」です。

ほめることで自己肯定感が育つと思っている親御さんはとても多いものです。もちろん、ほめることは子どもの自尊感情を高め、良好な親子関係をつくるためにはとてもいいのですが、なんでもほめればいいというわけではありません。ほめることにはリスクもあるのです。

間違ったほめ方には大きく2つあります。それが「条件つきのほめ」と「コントロールするほめ」です。

「条件つきのほめ」は、「お手伝いしてえらいね」「満点取れてえらいね」「泣かなくてえらかったね」「よく頑張ってえらいね」などとほめる場合。

もちろん、こういうときにほめることが悪いわけではありませんが、子どもにとって、それだけでは不十分なのです。だって、裏を返せば何かいいことをしない自分はダメと言われているようなものですから。自分の存在そのものを愛されている実感が持てなくなってしまうのです。

そしてもうひとつの「コントロールするほめ」は、ほめることによって、親の望む行動を子どもにさせてしまうこと。「条件付きのほめ」もここに含まれます。もちろん親は無自覚なのですが、ほめることによって、結果的に子どもを親のコントロール下に置いてしまうとしたら、とても危険です。

極端に言えば、「いつも頑張っててえらいね」という言葉でさえ、お母さんの根底にあるのが「いつも頑張っててくれれば私が安心」ということであれば、親の都合に合わせているからいい子というメッセージを与えてしまいます。

子どもはお母さんのことが大好きですから、お母さんに愛される行動をとります。だから、そのお母さんが自分の言うことを聞いているときは、子どもをかわいがり、泣いたりすれば疎ましく思うなら、子どもは、お母さんに愛されたくてお母さんの言うことを聞くんです。

ここに「言うことを聞くいい子＝いい子だから、お母さんも子どもが好き」という図式ができます。親はコントロールしていることに気づかず、子どももコントロールされていることに気づかない。親子ともども、愛情深く育てた・育てられた、と信じて疑いません。これでは子どもはいつまでたっても自分らしく生きることができないのです。

自分の本当の欲求を「ほめ」によって制限され、コントロールされている状態は、「自分」ではありません。「自分」を生きていない人は、つらいです。そのことに、大人になってから気づく人もいるのです。

コントロールするほめの行き着く先は、自己不全感です。自分は不完全であり、価値のない存在であり、何をしても満足できない感情です。それはそうです。自分らしくではなく、お母さんの人生を生きているからです。

よく、とても優秀で欠点がまったくないように見える人が、「私はダメだ」などと言うことがありますね。これは、親から優越感を持つように育てられたり、「もっと上を目指せ」「まだ足りない」と言われて、言う通りに生きてきたからでしょう。

周りには自分よりも優秀な人がゴマンといて、親にはそれでも頑張っている自分を認めてもらえない。ただ、親や先生には従順であることが多いので、他人からは一見、心理的に安定しているように見えます。でも本当は、強い不満や攻撃心を心の奥底に持っています。

そのため、そのような人が大人になり、いざ、現実的な問題（たとえば子育てなど）に直面したときに爆発するケースもよくあるのです。


子どもにとって重要なのは、親に対して心理的な安全性が保たれていることです。いくら子どものためと必死に子育てをしていても、子どもがお母さんに対して心を開いている状態でないと、子どもの非認知能力を伸ばすことも難しいからです。

では、「心理的安全性」を築くためにはどうしたらいいでしょうか？

お母さんはできないところにばかり目がいってしまいがちですが、だからと言って、「子どものできているところを認めてあげましょう」というのも難しいのです。なぜなら「できているところ」にさえ、親の都合や親の思考が入ってしまうからです。

いいほめ方はその子自身をほめること。その子をちゃんと見てあげて、その子の存在そのものを認めてあげること。**何かができてもできなくても、頑張らなくてもいいのです。その親の無条件の愛が子どものエネルギーになります。**

ただ、親が「無条件」になるためには、親自身が無条件に愛された経験がないと難しいというところがあるのです。

そのために、お母さん自身の生育歴においての危機に気づいていただくことが重要となってきます。やり方をお伝えするのはとても難しいのですが、あえてお伝えします。暴力や暴言がいけないということは、もうお分かりだと思いますが、言葉に出さなくても、他人の子どもとの比較や、子どもができないことについてイラついた態度を取ったり、「なぜ、できない」と追及したりすることはNGです。

どうしても怒ってしまう、イラついてしまうとなると、言葉では言わなくても、子どもには「ダメな子」ということが伝わってしまうからです。

お母さんの危機が解消されて、その感情が自動的に変化して初めて、やり方が生きてくるのです。

ステップ5

自分らしく生きる心

「アイデンティティ」を育て
〝忠誠心〟や〝帰属感〟を獲得する

アイデンティティとは

いよいよ心の発達段階の5つめ、「アイデンティティ（自我同一性）」です。「アイデンティティ」は、思春期・青年期（13〜22歳頃）に育まれます。

アイデンティティ（自我同一性）を育むって、ちょっとわかりにくいですよね？ わかりやすく言えば、**「本来の自分らしく生きることを決めること」**なのです。アイデンティティの対立になるのは、アイデンティティの拡散です。

つまり、自分が何者かよくわからないまま生きるということです。

この時期は、本来の自分を探すための猶予期間とされていて、モラトリアムと言い青年期に与えられた特権なのですが、最近は、周りの心に余裕がないためか、モラトリアムを許されず、そのため逆にモラトリアムの期間が延びているようです。40歳になっても自分がわからず、さまよっている人が多いと感じています。自分がわからないまま子育てが始まるわけですから、子育てが困難になるのも無理ないですね。

小学校高学年から高校生にかけては思春期と言いますが、言うまでもなく、大人になるため自立をする心の準備が始まり、本来の自分らしさを確立していく大事な時期です。自分は自分、他者は他者という感覚を持てるようになり、自分にピッタリくる生き方として納得できるものをつかみ取ることができたら、それがアイデンティティを獲得できたということです。

19ページの表にある通り、アイデンティティを確立すると、「忠誠心や帰属感」が獲得できます。これはどういうことかと言うと、自分が自分であることを認められるからこそ、自分と違う面を持つ他者を受け入れることができ、いろいろな集団や属する場所で自分の居場所を確保できるということなのです。

つまり、**「自分はここにいていいんだ」という気持ちが形成されていく。それが「忠誠心や帰属感」です。**

一方、子どもは大人として自律していく自分に期待すると同時に、親から離れる不安を持ち合わせています。この期待と不安の間で、葛藤をしていたり、関わる集団や場所に対して、自分が受け入れられているかどうかといった不安、葛藤、迷いも生じます。思春期以降の子どもは、「アイデンティティ」と「アイデンティティの拡散」の狭間《はざま》で揺れながらも、「アイデンティティ」を確立していきます。

この葛藤の中で「アイデンティティの拡散」のほうが優ってしまうと、**「自分」というものを見失ってしまう**ことになります。

そもそも思春期にどうやってアイデンティティを確立していくのでしょうか。

思春期には、生物的にも社会的にも心理的にも様々な変化が起きます。たとえば身体では女子は初潮や胸が出て丸みを帯びた体になり、男子は髭《ひげ》が生えたり身長が急激に伸びたりという変化が起こりますし、社会的には家族からだけでなく社会や学校・仲間など集団の影響を多く受けるようになります。

心理的には抽象的、批判的、論理的な認知能力がつきます。その他、異性に関心を持ち、性衝動が芽生えるなど、とても多感な時期です。そういったこともあり、親から自立したいという欲求が高まります。

きちんと子どもの成長に向き合ってサポートしてあげられると、子どもはアイデンティティを確立し、「忠誠心や帰属感」を獲得できます。つまり、家族というひとつのコミュニティから別のコミュニティでも存在意義を得ることができるので、**社会へ出て行くことができる**のです。

「思春期=反抗期」ではない

思春期=反抗期と思っていませんか？　反抗しない子ほど、後が危ないということを耳にすることもありますよね？　だから、子どもが反抗することが正常な発達と思われがちです。そのため、反抗しない子に不安になったり、**反抗する子に「時期が過ぎれば直る」と、そのまま放置してしまって親子断絶になってしまう**方もいらっしゃいます。

そんなことにならないように、この時期の子どもの心理について解説しましょう。

私たちは、無意識のうちに生育歴の中で特に親を基準として自分を取り入れ、「私は「こういう人」と思い、そういうものの見方をし、それに沿って行動をしています。特に女の子はお母さんと同一化します。

ところが、思春期になると今まで当たり前に思っていた自分に疑問を感じるのです。心理的発達として抽象的、批判的、論理的な認知能力がついてくるからです。そうなると、今まで無意識に取り入れてきた自分に意識が向いてきます。

そこで、**今までの自分は、親から言われるままに生きてきた自分であり、主体的に自分として生きてきているわけではないことに気づきます。**すると、「自分というのはどういう人間か」と自分に意識が向いてくるので、本当の自分として生きようと模索を始めます。

そのとき、親からしてみたら、今まで自分の言うことを聞いていた「いい子」が反抗してきたと思うわけです。**子ども側からしてみれば、ただ自分らしく生きるために親から自律をしようとしているだけ**なのです。

ですから、子どもが親に反抗するのは大いにOK。反抗しながらアイデンティティを獲得していくからです。反抗しているということは、自分らしさを求めているということなのです。

自分がしていることと、親が求めていることにズレを感じるからこそ、反抗するのです。子どもの反抗を親が頭ごなしに抑え付けて反抗できなくさせてしまうことが問題となります。

そうすると、子どもは、今までも、そうやって抑え込まれてきたことに気づき、鬱《うっ》憤《ぷん》が一気に爆発するということになるのです。

一方で、最近では反抗期がないお子さんも増えています。反抗期がないほうが問題、と言われることもありますが、一概にそうとは言えません。子どもは反抗すべき家庭環境なら反抗しますし、反抗する必要がなければ反抗しないからです。

親が、子どもを「一人の人間」として見てあげることができれば、子どもは「自分は自分」と思え、その中からアイデンティティを獲得できるため、反抗する必要はないでしょう。

そのため、親が成熟していれば子どもの自立の過程を反抗と思うこともなく、子どもの反抗というものは存在しません。**思春期≠反抗期**というのはそういうことです。

ただ、反抗期がないお子さんの中で「自分がない」、つまり、自分の人生ではなく、親の人生を生きているようなお子さんもいます。

たとえば中学生になっても、**「自分」ではなく「親の希望」に基づいて生きていたら、自分を生きていない**ことになります。その場合は、アイデンティティを獲得することができず、様々な問題が出てきます。なぜなら、子どもがここまでの発達段階が未発達で反抗もできないくらい抑え込まれていたとしたら、反抗する気力もないからです。

それが反抗期のない子の問題として、後から表れるということなのです。

ここにも、親自身がこの思春期のときに心の発達が未発達であったことが影響してきます。

本来、親は子どものアイデンティティの獲得をサポートする存在ですが、親自身が未成熟な場合、子どものことを理解しようとせず、子どもがアイデンティティを育てる邪魔をしてしまうということなのです。

アイデンティティが育たないと、将来どうなる？

この時期にアイデンティティが育っていないと、どんな問題が起こるのでしょうか。アイデンティティが得られない＝自分の人生を生きていないことになります。これはそのまま、**人の承認を求めるために生きている**ことにつながります。

要は、子どもに自覚があるかどうかにかかわらず、親のために生きてしまうのです。大人になれば、それが「上司のため」「夫（妻）のため」になっていく可能性もあるでしょう。最近よく使われる言葉で言えば、**「自分軸」ではなく、「他人軸」で生きてしまう**ということです。

でも、子どもは心の深い部分で、親に承認されるためだけに生きている、そんな自分に納得できていません。すると、その思いは内在化（自分の心の中に価値観や考え方が取り入れられ、自分のものとなること）されていきます。

やがて大人になったとき、それが攻撃性となって表面化することもあります。たとえば、怒りが止まらなくなったりして自身の子どもを虐待したり、マルトリートメントと言って、親として子どもに不適切な関わりをすることなどがそうです。

今この時期の問題として多いのが、**不登校やひきこもり**です。

たとえば自主性を獲得してこなかった子が、自主性を獲得しようとしたら、お母さんからしてみたら、ずっと「いい子」であったわが子が、急に反抗的な態度をとるわけですから、そんなわが子に戸惑い、受け入れられず、無理やり抑え込もうとしてしまうことがよくあります。

このときに無理やり抑え込まれると、よけいに反発が強くなったり、「親に言ってもムダだ」とシャッターを下ろしてしまったり、ゲームに依存するようになったりということが起きてきます。

そうやって、子どもだけでは十分に対応しきれなくなると、不登校や身体症状などの形で現れてきたりするのです。

不登校やひきこもり以外にも、**家庭内暴力や自傷行為、摂食障害、性行為・妊娠な**

どの性的問題も起きてきます。

女の子に多いのが、摂食障害や性的非行や妊娠の問題です。満たされない心を食べ物で満たそうとしたり、外見で認められるためにやせようとしたり、食べ物を受け付けなくなったりしてしまうこともあります。

また、家庭に居場所がないと感じてしまうと、寂しい心を癒してくれる年上の男性を求めてしまうこともあります。これは**「ぬくもり希求」**と言われ、文字通りぬくもりを求める心が性的非行に走らせてしまうのです。

今はSNSで知らない人とも気軽に出会うことができる時代ですから、このような出会いへのハードルは低くなっています。

お子さんに何か問題が見られた場合、その事実だけに目が行きがちですが、お母さんが子どもを理解しないまま単に問題行動や症状だけを治そうとしても、うまくいきません。

親が子どものSOSのサインに気づき、しっかり受け止め、子どもの自律をサポートすることができるようになる必要があります。そのためには、親自身も自律していなければならないのです。

また、親がこの時期に気づき、「ここでやり直そう」と自分自身と向き合おうとするときにも、今までいい子だった子が反抗的になったりすることがあります。でも、それはお母さんの抑え込む力が抜けたため、子どもが反発できるようになったと捉え、これは子どもが自律しようともがいているサインだと思ってください。

お母さん自身が「自分」を生きていますか

私が相談を受けるお母さんのほとんどが、「自分は自律しているに決まっている」と思っています。

でも、よくよくお母さん自身のお話を聞いてみると、「自分」を生きてこなかった人、つまり、アイデンティティを確立できていなかった人がいるのもまた事実です。

あなたのお子さんのことをしっかり理解してあげるためには、お母さん自身が自分のことをよく知ることから始めましょう。今までの関わりが自然と変わることでお子さんの問題も自然と改善されていきます。

お母さん自身のことを振り返ってみてください。あなた自身の親御さんから、次のような価値観を植え付けられていませんでしたか？

きちんと勉強をして、いい学校に入ることが大事。親の言うことを聞いて、我慢することは我慢する。一つのことを必ずやり遂げなければならない。何事も途中でやめてはいけない。人の和を乱してはいけない。何があっても人に迷惑をかけてはいけない。わがままを言ってはいけない。友だちをたくさんつくらなければいけない。好きなこと、面白いことを突き詰めて、夢中になるものを見つけなければいけない。一生懸命に努力し続けて、何事も乗り越えなければいけない。

一見するとよさそうに見える教えもありますが、すべて親の価値観の押し付けです。あなたもお子さんに価値観を押し付けていないでしょうか。お子さんはお子さんであり、決して「あなた自身」ではありません。自分を生きられないお子さんは息苦しさを感じることになるでしょう。

自分が親になって子育てに困難を感じて、「このまま親として生きるのはつらい」

と苦しんでいるお母さんはとても多いのです。「私は親とも仲良くしているし、何の問題もない」と思っていたお母さんが、自分の子どもとの関係が不安定になって講座を受講して初めてアイデンティティを確立できていなかったことに気づくこともよくあります。

でも、この気づくことからがスタートです。「自分」として生きていくために、今まで縛られていたもの（多くは自分の親の価値観）に気づき、解放されていくことで初めて自分らしく生きることができるようになります。

何歳からでも間に合う！　アイデンティティの育て方

アイデンティティの確立に、遅すぎることはありません。

「これをやればいい」という即効性のある「やり方」は残念ながらありません。お母さん自身が自分の未発達の危機に気づいて自分の問題を解決することでお子さんも自然に変わっていきます。

実は思春期は、それまで獲得できなかった発達課題をやり直す時期でもあるのです。子どもたちに様々な問題行動や身体的・精神的症状が表れることがありますが、これは子どもたちが今までに獲得できなかった課題をやり直すために表れたサインだと考えてください。

たとえば自主性を獲得してこなかった子が自主性を獲得しようとしたら、急に反抗的な態度をとることもあります。子どもは、こうやって紆余曲折《うよきょくせつ》しながら成長していくわけです。

理屈はさておき、まずは中学に入って意欲を失っていた息子さんがやりたいことを見つけた事例を「ビフォー」「アフター」で紹介しましょう。

事例　「勉強も部活も無気力だった息子が、やりたいことを見つけることができました！」

ビフォー

中学生の息子さんがいる母親のあおきかよさん。息子さんは中学受験で第1志望の学校には入れなかったものの、第2志望に入学できたため、入学時の成績は上位でした。学力的には深海魚（学校の成績が低迷する生徒のこと）にならずに済むはずと安心していましたが、だんだん勉強をする意欲がなくなり成績は下降の一途。興味のない授業では態度もよくなく、部活も幽霊部員で熱中するものもない状態に陥ってしまいました。

息子さん自身も、「熱中するものを見つけたい」と思いながらも見つけることができないまま。勉強だけでなく、将来に対しての夢や意欲のない状態にかよさんはやきもきするばかり。

唯一、友だち関係は良好で楽しく過ごしていたそうですが、空き時間はオンラインゲームや携帯を見てばかりの中学生活。中3のとき、何かが変わるきっかけになるかと期待して夫の海外転勤に帯同させたものの、学校になじめずに孤立。夜眠れなくなり、学校に行かない日が増えていました。

息子をどうすればいいのかわからなくなったかよさんに、オンラインで相談されたのはそんなときでした。

アフター

かよさんが講座を受講して2週間後のこと。自室にこもってゲームばかりしていた息子さんがダイニングキッチンへ来る回数が増えてきました。

さらに学び始めて2カ月後、「なりたい職業が見つかった」と息子さん。その頃から自分で計画を立てて勉強するようになっていったそうです。

さらに4カ月後に帰国することに。帰国した後、息子さんは学校の先生に「親の都合で連れて行かれて、学校でもいろいろあって大変だったけど、得るものはありました」と言えるほどに成長。学校に行くときのカバンの中身も整頓されてきて、時間割も持ち物も提出書類も全部自分で管理するように。テスト前には自ら携帯を部屋の外へ出し、オンラインゲーム用のパソコンも片づけるようになったそうです。

高校生になってから学校の成績は大きくアップ。なんと私立理系クラスで1番をとることができました。

高校2年の夏、学校の成績は良好で、そのまま私立の理系を目指すかと思いきや、かよさんご夫婦の予想に反して、息子さんのほうからハードルの高い国立を選択したいと言われて本当に驚いたそうです。

今は自分で決めた目標に向かって、努力しています。

このお話だけ聞くと、かよさん親子にだけミラクルが起きたような感じがしてしまうかもしれません。でも、そうではないのです。実際、かよさんご自身にどんな気づき、変化があったのか、お聞きしました。

あおきかよさんの感想

講座を受講したことで、親の意向に沿わせるような育児をしたり、「こうあってほしい」と期待をかけたりするのではなく、子どもの人格をありのまま認めるということが心の底から素直にできるようになったことで、子どもが変わってきたことを実感しています。

きっかけはいくつかありますが、ひとつは、息子が学校に行く気がなくなった中3の後半、ありのままの息子を受け入れたこと。そしてボディタッチや話す回数を増やし、自分で起き上がるのを信じて待てたことです。

高校に入り、息子が勉強を意欲的にするようになってから初めて、中学受験の入試のときの雰囲気がとてもイヤだったことを打ち明けてくれました。この話をしてくれた1カ月後、息子は国立を目指すことを決めました。

また、私自身の物事の捉え方が変わってきたことで、家庭内の雰囲気もよくなり、夫が協力的に家事や育児をしてくれるようになりました。子どもとの関わりの中で失敗することもまだありますが、そのたびに私の思考の癖や行動パターンに明確に気づくことができました。講座で、見えなかった自分の思考を可視化することもとても役に立ちました。

ものの見方、捉え方が変わったことは、私自身の人間関係にも変化をもたらしました。ほかの人の意見に揺さぶられることがなくなり、自分は自分でいいのだと、自信を取り戻すことができるようになりました。

かよさんの例を見ると、かよさん自身がこれまでにアイデンティティの確立ができていなかったこと、それに気づいて変わったことで、息子さん自身のアイデンティティの確立もできたことがわかります。

かよさん親子の場合は、もともとお母さんと息子さんの愛着形成ができていて「基本的信頼感」が築かれていたため、かよさん自身がまずいと認識できてからの息子さんの変化も早かったのです。

そのため、息子さんのアイデンティティの確立のサポートに、とてもよい関わりをすることができました。

お子さんの成長は待ったなし！　なのですが、多くのお母さんは、「思春期だから、そのうちに直るだろう」と何の根拠もなく放置してしまいます。そうすると、お子さんの混乱は長引きます。長引く原因をお母さんがつくっていた、ということも多く見られます。

そうなると、勉強が遅れるどころか、不登校が長引く、あるいはせっかく入学した学校を退学することにもつながります。お母さんが早く気づいて対応することが大事なのです。

子どもに何か問題が起きたとき、どこの段階でつまずいているのかをいち早く理解して、同時にお母さん自身の問題に気づいてお子さんへの関わりが変わると、お子さんの変化も加速するのです。

コラム

40歳からの反抗期

講座を受講されて、自分は自分の人生ではなく、自分のお母さんの人生を歩いていたと気づかれる方は多くいらっしゃいます。

道理で息苦しかったわけだと。何でもお母さんに相談しているから仲良しだと思っていたけれど、それは自分がなく、お母さんの意見に従っていただけ。親の顔色を見て自分が我慢していたからケンカもないだけ、ということに長い間、気づかないでいたのです。

40歳になって自分らしく生きようと決意したら、当然、お母さんと意見が合わなくなることも出てきます。お母さんからしたら、40歳を過ぎた娘がいきなり反抗してくるわけですから、とても受け入れられません。そういうお母さんを見て罪悪感を感じることもあるかもしれませんが、そんな必要はありません。

反抗心が芽生えたということは、それまで獲得できなかった発達課題をやり直しているからです。そして、アイデンティティが育ち、自分は自分、他者は他者という自分軸ができた娘は、そういうお母さんを他者として受け入れることができるようになります。

そうやって初めて、親子でお互いを理解できるようになり、本当のよい関係をつくっていけるのです。

付録

大人の「心」の育み方

ここまで、生まれてからお子さんの思春期、青年期までの心の発達についてお伝えしてきました。繰り返しになりますが、**心の発達は一生続きます。**

ここでは、「アイデンティティの確立」以降、どのような心の発達があるのかをご紹介しましょう。

ステップ6

成人期（22〜40歳）「親密性」を育み〝幸福・愛〟を獲得する

多感な思春期、そして青年期を経て、成人期初期に多くの人は社会に出て行きます。この時期は学生時代よりもさらに世界が広がり、自分が所属する社会の中で義務や責任を担い、友人や恋人などと、より親密な関係性を築く時期。その能力が「親密性」です。

親密性を得るためには、これまでの心の発達段階で得てきた「自分とは何か」「自分は自分のままでいいんだ」といった能力が必要です。

つまり私たち人間は、**自分を信頼し、相手のことも信頼できて初めて、腹を割ったつきあいができるのです。実際、「親密性」が得られず、友人や恋人、夫や妻にさえ表面的なつきあいしかできない人はたくさんいます。**

「親密性」に反して、人間関係をうまく築けずに自信をなくしたり、自分の価値観や考えが揺らいだりする経験をして不安や恐怖を抱くと「孤立」してしまいます。

こうした状況下で、自分自身を信頼し、価値観や考えに自信を持って他人と関わり、理解しあうことで信頼や愛情が育まれます。

「孤立」してしまうような体験よりも「親密性」を持てるような体験が上回ったとき、「幸福・愛」を獲得できるのです。

たとえば、親密性を十分に得られないまま「親密な関係性になった」と勘違いして結婚すると、その後、夫婦間で情緒的かつ対等な関係が築けずに離婚してしまう、などということもあります。

「親密性を十分に得られない」というのは、さかのぼると思春期や青年期に**同性同士のつきあいがきちんとできていなかったり**、もっとさかのぼると赤ちゃんのときの親子間の「基本的信頼感」が得られていなかったり、ということになります。
まずは自分を信用することが大事です。自分を信用できないと、他人を信用することはできないのです。

ステップ7

壮年期（40～65歳）
「世代性」を育み〝世話〟を獲得する

いわゆる中年になってからの時期。「世代性」に対して「自己停滞」があり、「世話」を獲得していきます。「世代性」という文字だけ見るとどういう意味かわかりにくいのですが、要は、**次世代を担う子どもを育てたい、世話や援助をしたい、という気持ち**です。

この年齢になると、それなりにいろいろな人生経験を積んでいます。そして公私共に変化は減って、落ち着いていく時期です。会社なら自分が前面に出て活動するよりも、後輩の指導や管理業務に従事することが多くなり、家庭なら子育てが一段落して子どもの巣立ちを見送ることになります。その知識や体験を次の世代に伝えていくことで自分自身も成長し、より生き生きと過ごせるのです。

たとえば、子育ての経験があれば、子育て真っ最中の人に、自分の知識や経験を伝えたい。これはまさに今、私が実践していることです。次世代と積極的に関わることで、次の世代の人からも求められるという好循環が生まれます。

ところが、**他人への関心が薄く、次世代の関心も薄い人は、自分のことしか考えられず、自分の欲求を満たすことに関心が向いてしまいます。**たとえば、海外旅行や趣味には没頭するけれど、誰かを世話したり、助けたり、社会や地域に貢献する気がまったくない中年世代の方もたくさんいらっしゃいます。

他人と関わろうとしないので、自己成長もしません。求められても与えない、与えないから求められないという悪循環に陥ります。人の世話や援助をすることは社会的な責任を負います。誰でもそれを回避したくなる心理が働きますが、社会的責任を引き受ける力が上回ると世代性を得ることができ、**社会的な責任から逃げると、「自己停滞」してしまう**というわけです。

壮年期には、自己満足や自己陶酔から脱却し、次世代を育てることに目を向け、社会的な責任を引き受け、自分の知識や経験を伝えていくことで「世代性」を得て、「世話」が獲得されます。

与えられる人は、与える人でもあるのです。壮年期になって、自分から与えることをしないで、与えられることばかりを望む「クレクレちゃん」になってしまってもいいのでしょうか。自分が満たされていないと、そのようになってしまうかもしれません。

ステップ8

老年期（65歳〜）

「自己統合」を得て〝知恵〟を獲得する

老年期の発達課題と、それに対する危機は「自己統合」対「絶望」です。

退職して子育ても終え、老いとつきあいながら死に至るまでを過ごす時期です。

老年期というと、身体的な衰えというネガティブな側面ばかり注目されがちですが、繰り返しお伝えしているように、私たち人間は老いを迎えてもなお、知識や経験を積み、心は発達し続けます。

自分自身の人生を振り返って肯定的に受け止められることが「自己統合」です。わかりやすく言えば、「いい人生だったなあ……」と思えること。

こんなふうに自分の人生を受け止められることができないと、老いや衰えに対して恐怖を抱き、死を受け入れることができず、**「絶望」**という危機を招きます。

社会や家族から孤立し、人との関わりを絶ってしまう高齢者、あるいは誰彼構わずキレる老人などは、悲しいことですが「絶望」しているのです。

あなたの周りにも、自分の身を嘆き、文句ばかり言う老人はいませんか？　あなたはそうなりたいですか？

人生を楽しむお年寄りになるためには、今すでに楽しんで、人に与えて、いくつになっても学び続けて、それを次の世代に還元することがとても大切なのではないでしょうか。

人生１００年時代と言われます。絶望しながら生きる期間が長いと思うとゾッとしませんか？

私の父は、現在90歳ですが、現役の社長です。次世代を育てる活動もずっと続けてきました。

先日、仕事に必要な資格の更新のための研修が東京で開催されたのですが、実家の富山から参加していました。生涯現役として人生を歩んでいる父をとても尊敬しています。私もそうありたいと思っています。

人生のロールモデルが身近にいることはとても幸せなことです。ぜひ、自分がなりたい姿の人を見つけてください。

身近にいなかったら、今までそういう視点で見ていなかっただけです。探してみてください。必ずいるはずです。

一人で達成しようとするのは、未開の地を一人で歩こうとするようなものです。それはとても怖いので、回避しようとする心理が働きます。でも、先に道を歩いている人がいたなら、安心してその人の後ろをついていくことができますよ。

40代は「人生の正午」

私自身は今、心の発達段階では「壮年期」にあたります。自分の経験や知識を次世代に与えていく段階です。

まさに、次世代のお母さんたちを育み、さらに次の世代の子どもたちに還元していってもらいたいと「キャリアエデュケーション協会」を立ち上げ、賢く幸せな子を育てるお母さん育ての「美賢女《びけんじょ》®メソッド認定講座」を主宰して日々活動していることと一致しています。

本書でメインに取り上げてきたのはエリクソンの理論ですが、それ以外にも心理学の様々な理論で人生において知っておかなければならない大事な「課題」があるとしています。それを知っておくのと知らないままでいるのとでは、まったくその後の人生が違ってきてしまいます。

「課題」というからには、みんながやらなければならないことだと言えます。たとえば、ユングの理論では、人生を80年としたときに真ん中の年齢である40歳を人生の正午と呼びました。

午前というのは、太陽が昇っていくように、人生も「これから」という時期です。対して午後は、陽が〝暮れて〟いくように人生も終盤に向かっていきます。

この午前↓午後への移行の時期を、ユングは「転換期」であり、「危機の時期」でもあるとしています。

今あなたが40歳だとしたら、**40歳の課題は午前中（過去）にやってきたことを棚卸しして整理整頓して、午後（未来）を充実した人生にするためにどう生きるかを決めなくてはいけない時期なのです。**

ずーっと見ないふりをして問題を先送りしてきたとしても、親の死や友人の死を目の当たりにして、さすがにもう、人生には終わりがあることを受け入れなければいけなくなります。

ずっと自分に向き合うことをしてこなかった場合、人生の正午は、最後の向き合うチャンスです。

それをここにきてもスルーして、見て見ぬふりをして、「なんか今、うまくいっていないけど、いつかやろう……」と放っておいたり、あきらめたりしてしまうと、あっという間に10年が経ってしまいます。

同じことを40歳で気づくのと、50歳、あるいは60歳で気づくのとでは負担感もまったく違いますし、その後の人生もまったく違います。

その年代年代での「課題」をクリアしておかなければ、19ページの表のように、老年期には「絶望」しかないかもしれません。

そうならないために美賢女メソッドを創りました。「美賢女になりましょう」と言うと、「敷居が高いと感じられる」とおっしゃる方も多くいます。でも、美賢女とは、「自分らしく、成長すること」なのです。美賢女の説明は最後にしますね。

この本でも繰り返し、「お母さんが気づいて成長していくこと」でお子さんが変わったエピソードを紹介してきました。

気づくことで、お母さんになんらかの行動変容が表れます。お母さんの行動が変われば、お母さん自身の人生も変わります。そして当然、お母さんが一番身近に接しているお子さんも変わり、子どもの未来にも大きく影響します。

お母さんが気づくことで、今までと物事の捉え方、人を見る目も変わります。すると今までスルーしていたことが目に入り、行動するようになるため、必要な情報が集まってきます。自分の意識の置き方で、自分の未来も子どもの未来も変わるのです。

だからまずは、子どもをどうこうする前に、お母さんであるあなた自身が自分の心の発達の中で未発達な部分に気づいて自分らしくあることが大事なのです。

キャリア教育=生き方教育

あなたは、本書を読み進めながら、子どもの発達段階に必要なことを知ると同時に、お母さんであるはずのあなた自身がまるでタイムマシンで子どもの頃に戻ったかのような錯覚に陥られたのではないかと思います。

その中で、自分がどんなふうに育ってきたのか、その道のりのどこでつまずき傷ついてきたのか、それが今の自分に大きな影響があったことに気づかれたのではないかと思うのです。

実は「キャリアエデュケーション協会」という名前の由来もここから来ているのです。「女性のキャリア」と聞いてほとんどのみなさんは「仕事」や「職務経験」を思い浮かべるでしょう。でも、私がお伝えしている「キャリア」は「人生」を意味し、生涯を通じた「生き方」を意味します。

生き方教育って、受けたことがないのではありませんか？　だから、ほとんどの人はお母さんをロールモデルとします。そのためにうまくいかないことも多いのに、どうしたらいいかわからないのです。その問題を解決するための答えが心理学という学問でわかっていることがたくさんあるのです。

キャリアの語源は「轍《わだち》」です。

車輪が通ってできていく跡、その道のりすべてをキャリアというのです。つまり、あなたが「おぎゃあ」と生まれたときから、30歳なら30年、40歳なら40年、50歳なら50年の歩んできた道のりすべてをキャリアと言います。そして生まれてから死ぬまで

私のライフ・キャリアの虹

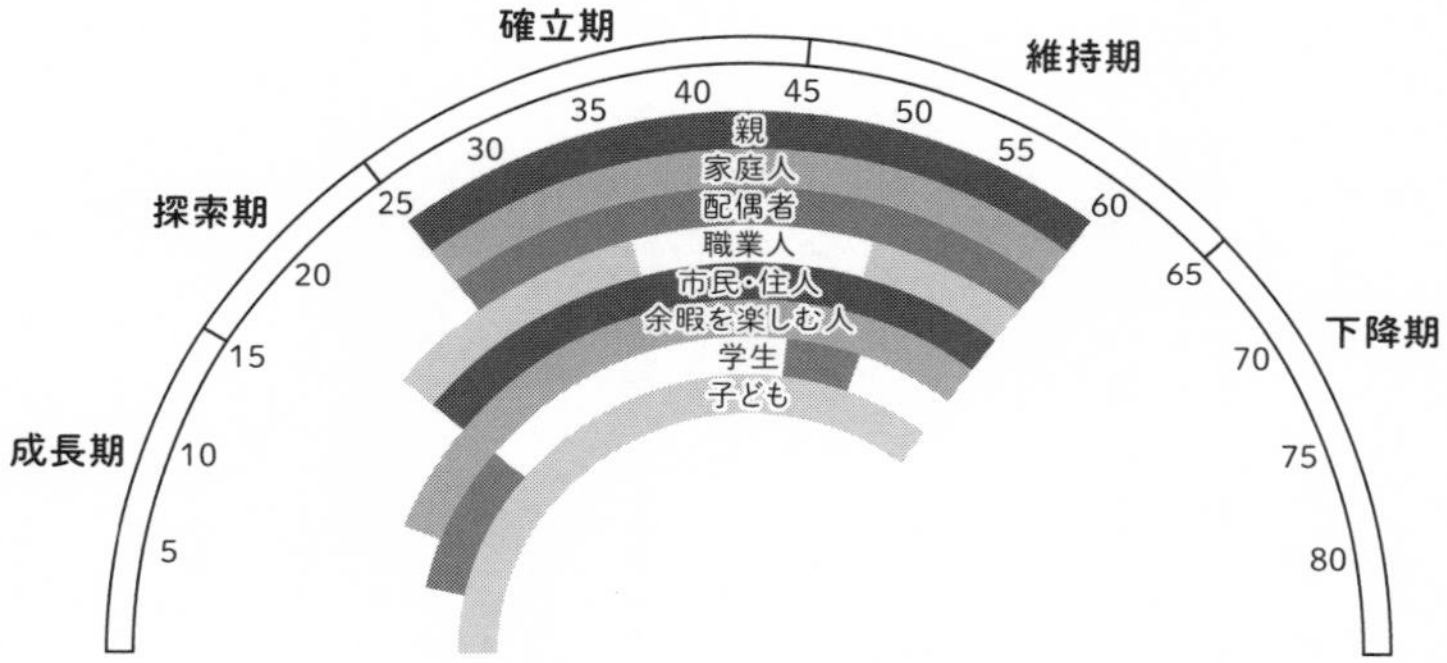

D.E.スーパー「ライフ・キャリア・レインボー」をもとに作成

がキャリアなのです。

心理学で人生をたとえた「ライフ・キャリア・レインボー」というものがあります。D・E・スーパーが提唱したものなのですが、人は、趣味や地域活動、子や親としての役割など仕事に限らず、さまざまなキャリアを虹のように積み重ねて複数のキャリアを持ちながら暮らしています。

上のような図で表すことができます。

私たちの人生の流れの中では、年齢に沿って子ども、学生、職業人、配偶者、家庭人、親、余暇を楽しむ人、市民・住人の8種類のライフロールがあります。

つまりライフ・キャリアというのは、仕事に限らず、日々の家庭生活や、地域との関わり、ボランティアなど、生涯にわたる役割や経験の積み重ねを指す言葉です。

たとえば、生まれたときは赤ちゃんとしての自分ですが、自分＝（親からすると）「子ども」という役割もありますね。そして仕事を始めたら「職業人」、結婚したら「妻」、お子さんを産んだら「母親」という役割が増えていきます。

悩んでいるお母さんの中には、自信なげに「私にはキャリアがない」とおっしゃる方がいます。でも、とんでもない！　お母さんほど立派なキャリアはないんです。私はよく、「子育ては子どもを育てないと経験できない、素晴らしいキャリアなんですよ」とお伝えしています。

なぜなら、スーパーは、キャリアの構築のためには、仕事上の能力やスキルだけではなく、ほかのライフロールと相互に影響し合うことが必要と言います。

お母さんという役割を獲得したあなたは、子どもを育てているからこそずっと深みのあるキャリアを構築できているのです。

40代、50代は多くの役割が重なり合う年代です。「職業人」としては仕事の責任が重くなり、「子ども」としては親の介護が始まることもありますし、「親」としては思春期の子どもの教育に頭を悩ませている頃かもしれません。どの役割も重なりあって重くのしかかりますね。でも、この苦しさを乗り越えたところに成長した自分がいます！

間違えてほしくないのは、乗り越えるというのは、通りすぎるということではないということです。

自分を源として主体的に乗り越えるということです。そのために自分にしっかり向き合うことが何よりも重要です。

私が「キャリアの心理学」に出会ったきっかけ

ここで少し私の話をさせてください。

私は約40年前、ＴＢＳドラマの『積み木くずし』で暴走族のリーダー役としてデビューしました。白い特攻服を着て、主人公の子をリンチする役です。ところが主役の女優さんの演技のすごさに圧倒され、女優は早々にあきらめてモデルに転向。モデルの仕事はそれこそ水を得た魚のように本当に楽しい日々でした。

やがて結婚して長男を妊娠。妊娠8カ月までモデルの仕事を続けて出産。子どもが生まれてからも、夫や実母に協力してもらいながらモデルの仕事をする中で、2人目を妊娠しました。長男の妊娠中も難なく仕事をこなしていた経験から、全国を飛行機で飛び回るキャンペーンの仕事を引き受けました。ところがそんな中、流産してしまいます。

とてもショックで、生まれて初めて自分をものすごく責めました。家にいるとふさぎ込んでしまうため仕事に復帰しましたが、何をしても流産のことが頭から離れませんでした。2年後にようやく「長男にきょうだいをつくってあげたい」と第2子を、その2年後に第3子を出産。子育てに比重を置くことにして、モデル養成講座のセミナー講師の仕事を始め、第4子を妊娠。今度はモデルも講師もきっぱりやめて、35歳で専業主婦になりました。

子どもが生まれたことで、私は大好きだったモデルの仕事をやめました。お母さんの中にはそういう方もたくさんいらっしゃると思います。

でも、**キャリアの心理学では「終わりは始まり」という捉え方があります。**

子どもが生まれたから、子育てがあるから、いろいろなことをあきらめなければいけなかったということではなく、新しい人生のスタートだと捉えることで、見える世界が変わってきます。

私も子育てが始まってからモデルの養成講座を開き、そのなかで心の発達に興味を持ち、今、お母さん育てという天職と思えるものに携わることができています。

そして私自身、４人の子どもを育てる中で、たくさんの悩めるお母さんたちと出会い、母親と子どもの関係に、とても根深いものがあることにも気がついたのです。そこから心理学に興味を持ち、私の勉強が始まりました。

大学に入学したのは、45歳のときです。同時期に母が倒れて実家の富山まで往復するという介護の日々も始まりました。そのとき一番下の娘はまだ小学校４年生でした。ライフ・キャリア・レインボーで言うと仕事以外の7種類のライフロールが揃い、母の死を迎えるという精神的には一番きつい時期でした。

大学に通いながら、産業カウンセラーやキャリアコンサルタントという国家資格も取りました。仕事を始めようとハローワークに行ったのは、49歳のときでした。

そこでまた私の人生の転機が訪れます。仕事をしたいとハローワークで書類を提出したところ、驚くことを言われたのです。それは……、

「あなたみたいな人に仕事はないです」

という言葉。15年間も専業主婦をしてきてブランクがある私のような女性には仕事はない、という意味です。

ライフ・キャリア・レインボーでお伝えしたように、子育ては自分を大きく成長させ、どんな仕事においても相乗効果が発揮され役に立つ素晴らしいキャリアです。私はその職員の無知さに怒りでいっぱいになりました。と同時に、私と同じように子育てに目処《めど》がついて「さあ、仕事を始めよう」と思った人がそんなことを言われたら、ショックを受けて仕事復帰をあきらめてしまうんじゃないかと思いました。

そこで、私がロールモデルになろう！　お母さんとしてのキャリアを生かせる仕事をつくろう！　と決めたことから、私の美賢女の活動は始まりました。

ところが現実は厳しく、履歴書を１００通ほど出しましたが、結果はすべて不採用。どこでも仕事の実績を重視され、お母さんのキャリアを見てくれるところも、ずっと

続けてきたボランティアも、実績として見てはもらえませんでした。

実績って、お金を受け取っているかどうかということなんです。企業としては、私にお金を払う価値があるかどうかを見定めるような面倒なことをしたくありません。いざ雇ったら、すぐに解雇もできませんから。そこで、ちゃんと雇われていた実績が重要になってくるのです。でも、その実績を身につけたくても、働くことができなかったら永遠に身につけることができません。15年間の専業主婦生活で実績がない私は、書類の段階で門前払いだったのです。


そんなあるとき、道を歩いていると、ホテルだったところに何やら新しいものが建設される様子。見ると通信制高校の名前が書いてありました。

学校が建つのなら、先生を募集するのでは？　とひらめきました。専業主婦時代に教員資格も取得していたのです。そこで再びハローワークに行って、この学校が教員を募集していないか聞いてもらったところ、採用はあったものの残念ながら既に決まっていました。それではスクールカウンセラーは募集していないかと尋ねると、採用する予定もなく募集していないということでした。私はラッキー！　と思いました。

なぜだと思いますか？　だって、募集していないなら、応募する人がいないじゃないですか！

私が今まで履歴書を１００通出しても採用されなかったのは、企業が求めるのは仕事の実績がある人だったからです。

そういう人から順に採用されるから、実績がない私は門前払いだったのです。

でも！　応募する人がいないなら、ライバルがいないのでラッキーでしかないでしょ？　そこで、履歴書だけを送らせてほしいとお願いしてみたのです。すると、採用はしないけど送る分には構わないということだったので送ったところ、すぐに面接をしたいということで採用も決まりました。

私はいろんな人から「エミリさんだからできるのよ」とよく言われます。でも、そうでしょうか？

そうだとしたら、それは心理学に基づいた、うまくいく方法で行動しているからです。キャリアの心理学で運を味方につける方法というのがあるのです。

【planned happenstance theory】「計画された偶発性」と言うのですが、**幸運というのは偶然ではないんです。幸運を引き寄せる行動ができるかどうか。**

そのための5つのスキルがあるので少しご紹介しましょう。

①好奇心 ②持続性 ③柔軟性 ④楽観性 ⑤冒険心

いろんなことに好奇心を持って、あきらめずに続け、偶然を幸運だと気づく感性を磨いておくこと、そしてチャレンジすることなのです。

それができるようになるためには、自分の成長の未発達な部分を発達させることなんです。

そして、これは、今言われている「非認知能力」そのものなのです。

だから、これができるかどうかで人生がまったく変わってしまうのです。

さて、通信制高校でスクールカウンセラーとして採用され、高校生のカウンセリングが始まりました。そこで私は新たな気づきを得ます。生徒はわが子と同年代の子たちです。ほとんどの子が、難関中学に合格したけれど、心の問題で通っていた中高一貫校の高校進学が難しくなり、高校進学の際に入学したり、進学できても転校してくる子たちでした。
みんな、いい子でした。いい子だから心の問題を抱えてしまうのです。目の前にいるのは高校生で、いろいろな心の問題、悩みを抱えているけれど、**「子どもに問題があるのではない」**ということはわかっていました。ですから、生徒のカウンセリングをしていることに違和感を感じてきたのです。

「子どものカウンセリングをしている場合じゃない。子どもを育てるお母さんを育てなければ」

これが私が今、お母さんに正しい子育てを知ってもらい、お母さん自身の成長と向き合ってもらおうと決めた原点とも言えます。

話は前後しますが、私がモデル養成講座を開いているとき、顔立ちがとても美しいのに、自信がなさそうな女性がいることに気がつきました。自分でモデルに応募しておきながら、受かるつもりのない人、落ちる理由を見つけたがる人。そういった人たちには「心の問題」が潜んでいることがわかったのです。

ここでも、心の問題があると女性は輝くことができない、心が整っていないと本当に人生を楽しむことができないのではないか、と気づいたのです。

ママが輝けば子どもが輝く

今までの人生を順調に歩んできたお母さんほど、子育てに悩むことがあります。なぜなら、自分のことは一生懸命やれば何とかなるけれど、子どもは別の人格のため、自分ではコントロールできないことに直面して、愕然とするのです。

でも、悩むことってすごくラッキーなことなんですよ。なぜなら、そこが成長できるポイントだから。お母さんの悩みは成長のチャンス。そう思えると、少しラクになってきませんか。私たちは生涯発達できるのです。お母さんならなおさら、子育てを通して、もっともっと成長・発達できるということです。

これだけ父親の子育てやジェンダーのことが叫ばれている中で、私が子育てにおいて「お母さん」にこだわるのは、家庭の中心はお母さんだと確信しているからです。

私は、お母さんと子どもたちに幸せになってほしいと、心から思っています。よく、自分がアドバイスを求める重要な人のことを「メンター」と言いますが、子育てをメンターや師匠から学んでいる人はどれくらいいるでしょうか？　まず、いないですよね。大事な大事な子育てを、ほとんどの人が自分の母親から学ぶしかないんです。

ところが、そのせいで心が未発達となり、うまくいかないこともあります。

本書でお伝えしたような心の発達を知ることで、お母さんたちは輝く未来を手に入れることができます。そして、そんなお母さんに育てられたお子さんたちが、それを引き継いで、輝く未来を手にすることができる、と信じています。

最後に美賢女®の解説をしますね。

子どもにイライラしたり自信がなくなったりしたときに、はっと気づきを得て、行動が変わることでしょう。

ぜひ、次の文章をコピーして切り取って、目につくところに貼っておいてください。

美賢女となるために大事なこと

あなたは「美」しい存在であるか

- その姿は美しいか
- その考えは美しいか
- その行動は美しいか

あなたは「賢」く生きているか

- その姿は賢いか
- その考えは賢いか
- その行動は賢いか

「女」性が持つ母性としての愛はあるか

- その姿は愛があるか
- その考えは愛があるか
- その行動は愛があるか

いかがでしょうか？

自分の軸がブレるとき、この美賢女の在り方で生きているかを、ご自分に問いかけていただくことで、また軸が戻るはずです。

スペシャルサンクス！

美賢女メンバー：賢く幸せな子どもを育てる美賢女になることを決めて一歩を踏み出してくださったことに感謝します。また、この本の作成において、美賢女メソッドを受講しての変化の事例をたくさん提供してくださったり、様々なご協力をしてくださりありがとうございます。

美賢女講師メンバー：賢く幸せな子を育てる美賢女を育て、自分の成長にも貪欲な皆様をとても尊敬します。

事務局メンバー：美賢女メンバーや私をいつも支えてくださり、ありがとうございます。

４人の子どもたちと夫：私の生きる原動力となり成長させてくれてありがとうございます。私が幸せな人生を送れるのは、間違いなく子どもたちがいるからです。

私の原家族：私を丸ごと愛して育んでくれた最愛の両親と姉には感謝しかありません。

そして、本書を読んでくださったあなたに感謝します。

子どもはみんなの宝物です。子どもを産み、自分のことは二の次で頑張って育てているお母さんであるあなたに、感謝と敬意を贈ります。ありがとうございます。

山下エミリ

参考文献

Bowlby,J.1969/1982 Attachment and Loss. Vol.1.1.Attachment.London：The Hogarth Press.

Bowlby,J.1973 Attachment and Loss, Vol.2. Separation：Anxiety and anger. London：The Hogarth Press. Anxiety and anger. London：The Hogarth Press. Bowlby,J.1988 Asecurebase：Clinica lapp licationsof attachment heory. London：Routledge.

Bowlby,J.1979 The Making Breakin gofactional bonds. London : The vistockpablications.

Chodorow,N.1978 The Reproduction of. Mothering :Psychoanalysis and the Sociologyof.

Erikson,E.H.1959 Psychological Issues Identity and Life cycle. International Universities Press,Inc. エリクHエリクソン著／西平直・中島由恵訳『アイデンティティとライフサイクル』（誠信書房）

Super,D.E 1980 A life-span,life-space approach to career development.Journal of Vocational Behavior,16

木村周「キャリア・コンサルティングの理論と実際（3訂版）」平成25年，一般社団法人　雇用問題研究会

Kohn,A.2011 Fivereasons to stopsaying “Good job”.Young Chidren

Main,M. & Hesse,E.1990 Parents'unresolve dtraumatic experience sarerelated to infant disorganized attachment status : Isfrightened and /orfright ening parental behavior the linking me chanism

Main,M. & Solomon,J.1990 Procedures for ide notifying infants as disorganized/disoriented duringthe Ainsworth Strange Situation. Attachment in the preschool years:Theory, research, and intervention,

大河原美以 2011 教育臨床の課題と脳科学研究の接点（2）ー感情制御の発達と母子の愛着システム不全ー，東京学芸大学紀要，総合教育科学系Ⅰ，第62集

上野智江・安藤智子 2017 養育行動が幼児の行動と親の精神的健康に与える影響，教育相談研究

山下枝美里 2019 ほめられて欲求制限された経験が養育にあたえる影響　情緒的サポートに着目して，筑波大学大学院人間総合科学研究科修士論文

著者紹介

山下エミリ
公認心理師。一般社団法人キャリアエデュケーション協会代表理事。美賢女®プロデューサー。筑波大学大学院博士課程前期修了。カウンセリング修士取得。TBSドラマ「積み木くずし」で暴走族のリーダー役としてデビュー後、人気モデルとして活躍。3男1女の子育て中に大学・大学院で母子の心理学の研究をし、スクールカウンセラーやキャリアコンサルタントを経て、2019年にキャリアエデュケーション協会を設立。心理学の理論とワークに基づいた「賢く幸せな子育て」を伝授している。

公式Webサイト：https://cedu.jp

子《こ》どもの一生《いっしょう》を決《き》める「心《こころ》」の育《そだ》て方《かた》

2023年2月28日　第1刷
2023年9月25日　第3刷

著　　者　山《やま》下《した》エミリ
発 行 者　小澤源太郎

責任編集　株式会社 プライム涌光
電話　編集部　03(3203)2850

発 行 所　株式会社 青春出版社
東京都新宿区若松町12番1号 〒162-0056
振替番号　00190-7-98602
電話　営業部　03(3207)1916

印　刷　共同印刷　　製　本　大口製本

万一、落丁、乱丁がありました節は、お取りかえします。

ISBN978-4-413-23293-7 C0037